Black Country, White Spirit

ISBN 978-2-930582-26-9

1ère édition
D/2015/12.096/6
Photos : Didier Ocula

Collection CHARLEROI

DIDIER OCULA

Black Country, White Spirit

Éditions
du Basson
CHARLEROI

C'est toi que je préfère, le plus beau coin de terre, à mes yeux oui c'est toi

Jacques Bertrand

Inspiré de faits réels...

BLACK COUNTRY...

Entre onirisme et scènes de vie tellement crues... La jolie carte postale de Charleroi, ça n'a jamais été pour moi ; jamais été client de ces jolis coins fraîchement nettoyés avant que le photographe vienne installer tout son matos.

À l'opposé, les récits plein de détails des faits divers, les statistiques borgnes et boiteuses, les clichés usés qui font les " unes " dont se gavent les médias à propos de cette ville, n'ont jamais été, pour moi, le reflet de la vraie vie carolo.

Il y a eu, il y a encore et il y aura toujours des trucs moches. Mais derrière toutes ces visions, forcément fragmentaires, au-delà de la noirceur des descriptions, il y a des gens. Il y a nous. Il y a des âmes, avec leurs reflets multiples, leurs sophistications parfois compliquées à suivre, à comprendre, à cerner.

Quoi qu'on en dise, quoi qu'on en pense, qu'on l'aime ou pas, qu'on y vive ou qu'on l'évite, il n'y a qu'un Charleroi, qu'un Pays Noir.

Et quelle que soit la façon de l'aborder, nous y trouvons tellement de paradoxes, de curiosités, tellement de personnages truculents, uniques, que tôt ou tard, cette ville immense, cette ville principale, fait naître un sentiment en chacun de nous. Nous obtenons un sentiment unique sur une ville qui finit par l'être aussi : unique !

Les personnes qui la détestent ont tout à lui reprocher : sa saleté, sa dureté, sa population pauvre d'argent et d'esprit, ses politiciens combinards, son manque de "relief", sa marginalité, sa puanteur, ses usines délabrées, sa Sambre poisseuse, ses enfants tragi-comiques... Les défauts ne manquent pas.

Il y a ses expatriés qui, souvent, la vomissent, jurant qu'on ne les y verra plus jamais, même si nous savons qu'ils mentent et qu'ils finissent tous par revenir au bercail, ne serait-ce qu'une fois comme ça, même en cachette.

Il y a ses exilés, qui sont partis en claquant la porte, leur amour-propre dans le fond de leurs bagages, plein de bric-à-brac qui, le poil grisonnant, ont la larme à l'œil lorsqu'ils l'évoquent. Comme ils sont parfois chiants ceux-là, à toujours la ramener avec un Pays Noir gorgé de passé industriel glorieux. Ils me font penser à Jules Destrée, admirant les mineurs sans avoir jamais mis un pied dans une fosse. D'ailleurs pour quelle raison se sont-ils exilés, parfois à l'autre bout du monde ? N'était-ce pas la peur ?

Les personnes qui l'aiment ont tout à lui reprocher aussi, sauf qu'elles sont souvent d'ici même et qu'elles n'ont parfois pas eu l'occasion d'aller voir ailleurs. Peut-être aussi qu'elles n'ont jamais eu envie de changer d'horizon. Cet ailleurs plein de promesses, de changements, de facilités. Cet ailleurs pathétique qui devait leur offrir une vie pleine de gloires, de richesses, de beautés et d'un bien-être sûr.

J'ai rencontré des gens qui ne voudraient pas aller ailleurs, qui ont besoin d'entendre le carillon semer encore et toujours du Jacques Bertrand tous les quarts d'heure... enfin quand il n'est pas en panne ou qu'il lui manque des notes. Du Jacques Bertrand ! Qui avait si bien décrit la vie quotidienne, celle d'un autre siècle, d'une autre vie, mais qui a cadencé la vie de nos anciens, de nos grands-parents, de nos vieux voisins et donc une partie de notre enfance. Ce terrain qu'on défriche et sur lequel on bâtit nos vies d'adultes.

Ces types qui trouvent que la Sambre est belle et qui en tirent du poisson là où on n'y voit que du poison canalisé qu'on envoie paître à Namur !

Des mecs qui s'asseyent au-dessus du terril de Dampremy et qui trouvent que le soleil couchant décore de reflets d'or les toits des usines mortes.

Des monuments d'humanité qui pleurent pour un chat perdu et qui en viendraient aux mains pour défendre leur berceau.

Et puis quoi ? Finalement, c'est grâce à ces personnes que des étrangers, des expatriés, des exilés de la vie, trouvant que Charleroi à beaucoup de charmes, que les gens d'ici sont " extraordinaires ", ont fini par s'y sentir aussi chez eux. J'y ai connu tellement de nationalités, de mots exotiques, de musiques qui ne sont pas de chez moi, de nourritures physiques et spirituelles, de philosophies et de concepts de vie différents...

Charleroi n'est pas multiculturelle, Charleroi est la bétonnière dans laquelle on introduit à grosses pelletées les ingrédients du parfait mélange ! Charleroi est une boule à multifacettes qui tourne dans nos têtes et nos esprits. Charleroi est un laboratoire social, un passeport rempli de photos et de tampons, une belle-fille de Vauban ! Charleroi c'est la force de la Wallonie, c'est l'exemple de la Belgique, c'est un cadeau de l'Europe.

Autre chose : les gens y sont inusables, adaptables, souples d'esprit, tellement ouverts et accueillants, tellement directs et sincères. Leur langage sans fausseté et leur façon de s'exprimer les rendent si attachants, si uniques justement.

Parfois je n'aime pas Charleroi, mais j'aime encore moins les gens qui n'aiment pas Charleroi. Oh je sais, certains vont bondir en parcourant ce recueil iconoclaste, volontairement outrancier et irrespectueux. J'ai laissé ma muse se divertir, mais ma muse m'amuse, elle tombe souvent juste même si souvent elle " tape à gâyes ", comme on dit ici !

Choisissez ! Jetez ce livre ou commencez le voyage intérieur, celui qui parle un peu de vous, et tournez les pages ! Votre voyage à Charleroi ne finira peut-être jamais, d'ailleurs, à quoi bon voyager si on ne pense qu'à arriver ?

LE CIMETIÈRE LOW COST

Mômes on venait ici glaner et marauder. Les champs de patates et de carottes nous menaient aux confins de Mellet. Avec nos t-shirts *"I love Mutien Marie",* on avait vraiment l'air de benêts, d'enfants de chœur. Mais ici, c'était un de nos terrains de prédilection. Le Piersoulx a toujours eu des terres fertiles, riches et porteuses, avec ce mélange de limon de terres noires, sablonneuses et argileuses à souhait... Les fermiers l'avaient belle ici ! Pas le temps de semer qu'il fallait déjà récolter. Et puis, il y avait ce petit aérodrome où, en guise d'excursion de fin d'année, on a eu droit à un baptême de l'air. C'était toute une affaire. Certains de nos voisins n'avaient même jamais vu un avion de près. Et nous, on a eu droit à une demi-heure de vol au-dessus de nos terres, au-dessus de Charleroi. Le pilote, qui servait aussi de guide, insistait *"Là, il y a le terrain du Sporting !"*, en bas il n'y avait qu'un petit carré vert ne ressemblant en rien à ce que j'avais déjà vu. *"Là, le terril de Couillet, et le truc gris là, qui serpente, c'est la Sambre, vous voyez les enfants ?"* Ben non, on ne voyait rien, surtout que les fenêtres, on ne pouvait pas les ouvrir et qu'en plus, elles étaient hautes. Il y avait aussi le fils du directeur de l'école qui n'arrêtait pas de vomir. Il faisait plus de bruit que les moteurs. Le pilote ne rigolait pas, nous non plus ! Encore que moi, je me retenais... de rire.

Tout ce qui a poussé au Piersoulx a été avalé, digéré, rendu... Tout ce qui est sorti de cette terre si fertile, c'est une immense zone industrielle non polluante. La chapelle de Journau est menacée, on a déjà broyé les petites potales de campagne et leurs ex-voto.

Au nom du progrès, de l'expansion, de la reconversion, on a abandonné les usines dégueulantes d'acier en fusion pour s'installer dans les campagnes et pousser, plus loin, les murs du village. Que je ne regrette pas d'avoir ramassé des centaines de kilos de patates ici !

Au fil du temps, l'aérodrome de Gosselies est devenu l'aéroport de Charleroi. Ce qui a poussé les décideurs à le baptiser en anglais ? Je l'ignore. C'est un joueur du Sporting qui est le boss ici. Enfin, pour le moment ! Il en avait marre de tracer les lignes et de tondre la pelouse. Il a changé sa vareuse zébrée et la couleur des lignes, le nom est devenu "Brussels South Charleroi Airport".[1]

Et tous ces voyageurs pressés, qui ne voient de notre cité que sa ceinture routière, ce qu'on appelle le "Rinnnnk" ! En atterrissant ici, il y a pourtant quelque chose de symbolique à voir. Ce symbole si typique d'ici, où on se pose sur la mémoire des gens, où on fait passer les bagages sur la mémoire collective. Pourtant, peu de gens finalement savent où il se trouve et comment on y accède ; je veux parler du vieux cimetière de Ransart, qui est en tout début de piste.

J'adore cette vue sur l'aéroport. En avant-plan des tombes, des sépultures, des croix, des fleurs fanées, sauf celles en

1 Si quelqu'un a un nom plus compliqué, il peut écrire à mon éditeur qui négociera pour un baptême de l'air.

plastique ! Et en arrière-plan, des avions des compagnies " low cost " qui attendent leur tour sur ce tarmac noir.

J'en suis sûr et certain, si les promoteurs avaient pu, ils ne se seraient pas gênés pour le raser ce cimetière qui est là, le cul de travers, à gêner le développement si nécessaire au redéploiement de l'économie wallonne. V'là que je cause comme un de ces politiciens sous Prozac ! Tout va bien, je vais bien, ils sont morts ! Bé oui, dans ce cimetière ils sont tous morts, depuis longtemps, et à en juger par le nombre de tombes fleuries, il y a des familles qui viennent régulièrement saluer la mémoire de proches, de chéris disparus. Au nom de quel déploiement peut-on ainsi manquer de respect aux défunts, à des familles qui ont payé cher, et parfois depuis très longtemps, des concessions de ces trous dans la terre. Non, mais vous imaginez un enterrement ici, avec un Boeing qui passe toutes les cinq minutes en faisant trembler Jésus sur sa croix ? Ici, on prend les poussières sur les pierres tombales toutes les dix minutes. On ne s'entend même plus pleurer, entre deux Ave et quelques mots d'hommage, on doit laisser se poser sur EBCI le vol machin en provenance de je ne sais où. Si c'était là le seul manque insultant et cruel envers la mémoire de nos anciens, ce ne serait qu'une anecdote. De la mémoire qui s'estompe.

J'adore cet endroit. Pourtant je n'ai aucune connaissance qui passe sa mort ici ! Mais j'aime bien me tromper dans le rond-point, faire un doigt d'honneur aux " spotters " qui ne vont pas plus loin que le bout de piste ! Le meilleur point de vue est ici ! Bon, bien sûr, j'm'en fous complètement des avions !

C'est à la limite tout ce qu'il y a à voir à Ransart. C'était pourtant un joli village, avec une belle place, le berceau natal de Delhaize. C'est la limite, à gauche c'est Fleurus la batailleuse, à droite c'est l'immense Jumet, la patrie de la Madeleine qui n'est même pas de l'Entre-Sambre-et-Meuse ! Ce n'est qu'un point de passage pour la plupart. Entre l'aéroport et la gare. Entre un point de chute et un point de départ. Entre deux dépliants et deux horaires. Ce n'est même pas joyeux, même sous le trop rare soleil. Il faut sortir des routes et chercher les sentiers, les ruelles, les venelles. Alors, avec le recul si nécessaire aux peintres, Ransart et le tarmac peuvent être charmants !

Je n'ai de cesse de penser à ces familles endolories par la perte d'un être cher, noyées de chagrin salé qui, comme dans un film français, profitent de la grève des contrôleurs aériens pour se pencher sur les tombes patrimoniales et évoquer paisiblement des souvenirs intimes, des pétales de leur bouquet familial ! Ce qu'il ne faut pas faire à Charleroi pour changer le gris en bleu !

WHERE ARE WE NOW ?

C'était encore un de ces jours gras ! Euh gris ? Enfin un peu les deux, gras et gris. Vous savez ces jours où il pleut presque encore, même quand il ne pleut plus ! C'est difficile d'expliquer ça météorologiquement parlant ! Il a plu, il va encore pleuvoir, mais là il ne pleut plus, enfin plus vraiment. Soit !

À mon entrée dans le pavillon d'accueil de la gare des bus, il règne une certaine animation, il faut bien l'admettre. Trois personnes derrière les vitres des guichets, qui parlent fort, qui font des gestes bruyants. Je sais, les gestes sont muets en général, mais nous à Charleroi on a le geste bruyant. Il y a un brevet déposé, c'est un concept qui nous appartient bien à nous. On a le verbe haut et le geste parlant ! Il y a très peu de gens qui comprennent ça !

Là, il y a une toute petite gonzesse, avec d'énormes valises, une flopée de documentation en mains, qui pleure !

Je devine que, derrière la vitre, les préposés ne sont pas d'accord entre eux et qu'il s'agit de donner des renseignements précis à la demoiselle qui, manifestement, se demande vraiment où elle est tombée !

Après quelques minutes, je me rends compte, aussi, qu'elle ne parle ni français ni wallon et qu'elle ne pratique couramment que la langue de William Shakespeare, bien fort ! Mais avec un chewing-gum et un quelque chose de tellement exalté qu'elle ne peut pas être anglaise.

Or donc, elle cherche la Grand-Place. Elle veut voir Manneken Pis. De plus, il ne faut pas qu'elle traîne trop parce qu'elle doit aussi arriver à l'hôtel avant une certaine heure.

Je ne peux vraiment pas m'empêcher d'éclater de rire, à gorge déployée ! Ce qui a pour double effet de calmer les employés du TEC et de faire pleurer de plus belle la petite touriste américaine. Passé ce bref moment de quiétude, la file de navetteurs en quête d'un ticket reprend son rythme. J'emmène l'amerloque dehors, vers la South Train Station, puisqu'il faut bien adapter son propre vocabulaire aux locuteurs de circonstance !

Elle pleure tellement que tout le monde se retourne. Je me rends compte qu'elle traîne trois valises énormes, presque aussi grandes qu'elle, presque aussi grosses que moi.

Les gens ont dû se dire que j'étais un fameux goujat pour laisser ainsi ma fille en plan, avec les bagages. Je me ravise donc et me charge de deux bagages qui, d'après leurs poids, doivent contenir bien des secrets. Elle ne me remercie pas, c'est tout naturel ! Devant n'importe quelle gare du monde, une Américaine dispose d'un bagagiste personnel qui bouscule son emploi du temps pour acheminer sa "mistress" sur le bon quai.

À la gare non plus, ils ne parlent pas sa langue. Là, c'est moi qui pleurerais bien de désespoir. Au début, je m'amuse de la scène et puis j'y mets brutalement fin en demandant dans le wallon le plus typique, le plus cru, un aller simple pour Bruxelles. En ajoutant, mais juste comme ça, pour déconner, *"qu'elle m'en avait fait assez voir et que je ne pouvais plus la supporter, qu'il fallait qu'elle rentre !"* L'employé a compati. Il m'a même gratifié de conseils matrimoniaux, vantant les qualités de compréhension des filles de Wallonie qui savent, elles, commander un ticket de train ! Bon, je traduis à Sharon, la voyageuse désespérée, tout ce qu'elle doit savoir : qu'il y a cinquante minutes de parcours en train, que Brussels South c'est de la pub mensongère et que, même du toit de l'aéroport, on ne voit pas le début du Faubourg de Bruxelles qui se situe, normalement, à Gosselies. Nouveau flot de chaudes larmes et découragement total de la donzelle ! Elle a un plan, un stylo, ma dextérité fait le reste.

Et puis, une fois devant la voiture (première classe s'il vous plaît), et à ma plus grande surprise, elle m'enserre très fort de ses petits bras, m'embrasse tendrement, me caresse la joue, balbutie des excuses, des remerciements, me demande mon nom et me jure de me retrouver sur le réseau social bleu ! Et moi, je suis tout paf ! Complètement éberlué de cet élan de reconnaissance. Le train part ! Elle agite une main pour me saluer une dernière fois. Le train est parti. Je me sens un peu triste, je ne sais pas vraiment pourquoi. Il y a là sur le quai un type du chemin de fer qui me dit *"Bah, vous inquiétez pas trop, elle finira par revenir"*. Quel con !

BIEN DRESSÉ, LE CAZIER

"J'ai fait la belle, à Marcinelle" (Paul Louka)

Une rangée verticale. Des hommes entassés dans une cage, ils ont l'air abasourdis, les yeux remplis de peur. La bouche entrouverte, cherchant l'air. Le visage de la terreur, celui qui a vu, entendu et senti la mort, qui l'a peut être regardée dans le rouge des yeux. Et qui a pu s'enfuir.

Des mineurs. Certains pour masquer leur peur chantaient à tue-tête, se chambraient mutuellement, racontaient des *"couillonnades"*!

Comment apprend-on à maîtriser cette peur, du noir, du fond, de la vitesse ? On n'a pas le temps, il faut tailler, abattre, bouv'ler[2], étançonner, tirer, et les chefs sont là pour gueuler. De toute façon, ici on ne parle pas tout bas !

Comment dit-on "au revoir" à sa femme et à ses p'tits bouts quand on ne sait pas si on reverra jamais le jour? Le visage

---

2 "Bouv'ler": travailler au percement d'une galerie, un "bouv'leû" perce les bouveaux (in "Dictionnaire de l'ouest-wallon", Arille Carlier, volume 1, éd.de l'ALWAC, Charleroi, 1985)

du courage, de l'insouciance apparente. Les traits indistincts de l'inconscience ! On n'a pas le temps, aujourd'hui on fait "6-2" !

Les bruits des machines, les cris des hommes, les marteaux-piqueurs, la poussière, des chants italiens, des odeurs mêlant la graisse chaude, le fer, le bois... la houille.

Parfois les canaris se taisent... le grisou - ce souffle du diable !

Une rangée horizontale. Des caisses de bois. Des morts. L'odeur de la mort, le goût des larmes. Et cette douleur qui étreint les estomacs, des femmes le matin, des veuves l'après-midi. Et des grilles qui ne pourront jamais contenir le drame.

Aujourd'hui encore, je vois des gens pleurer. Douleur et chagrin ne rouillent pas, ne s'érodent jamais. Une caisse offerte par un vieux voisin. Pleine de journaux jaunis, mais intacts. Les journaux entiers. Il n'y a qu'un seul mot: **CAZIER** !

Je pense à mon grand-père, à sa lampe poinçonnée qui orne le salon de mes parents.

Je l'entends encore tousser. C'est le premier terme médical que j'ai appris: SILICOSE !

En feuilletant fébrilement toute cette masse de désolation, je relis ces récits d'outre-enfer et je pleure sans retenue, marqué pour toujours: *"Marceau Caillard et son frère allaient d'un bon pas vers la fosse. Ils ont échangé leurs " briquets " en route, Marceau ne voulait plus de ce pain gris, qui fleurait trop la levure. Ça lui donnait soif disait-il en riant ! Alors, en arrivant sur la cour du charbonnage, il avait déjà terminé son bidon de café. Il lui restait la bière, et dans le fond de la musette un petit bidon en métal gris. Celui qu'ils prennent quand ils vont pêcher le dimanche à Lobbes. Celui avec le péket ! Et justement, le 6 août, soit avant-hier, ils ont un peu exagéré au fond. Parce que le montagnard fêtait son anniversaire. Il y avait bien trop de bières et de gouttes pour les hommes de son niveau. La cage n'a pas arrêté pendant de longues minutes. Dans la mine, les nouvelles vont vite. On y parle beaucoup avec des gestes. Et si on leur dit de venir boire un coup et vite, c'est le genre de message qui suscite une réaction immédiate dont l'agitation silencieuse et ordonnée fait penser à une alerte au gaz !*

Rendez-vous au pied de Sainte-Barbe. C'est bientôt, ça ! Le temps passe si vite, c'est pas une bête idée que d'y boire un bon coup à la santé d'un proche camarade. À qui on ne doit rien, enfin rien d'autre que la vie parfois, aussi simple que ça ! Un éboulement, un écroulement, une chute, une explosion... dans ce milieu c'est courant et quotidien ! C'est même pour cette raison qu'il ne prenait plus sa montre. Se fiant à son instinct, à la pluie, au vent, à son pédalier lorsqu'il lui arrivait de venir à vélo. Cette fin de pause là a été mémorable, le gros n'étant pas avare d'histoires bien senties, le plus souvent racontées en wallon du cru, avec bruitages et imitations. On s'y croirait vraiment ! Et puis, il a bien fallu remonter et reprendre le chemin du potager. Puis des cours du soir, à la rentrée.

Normalement à l'Université du Travail Paul Pastur, il pourra apprendre les métiers du fer. Tout le monde dit que c'est l'avenir ! Du métal partout, on remplace les grès et les pots de terre par des bassines, des conserves, des marmites, des thermos. C'est l'avenir qui se profile et le passé qui s'écrase. Il y a même des fous qui disent, sans rire, qu'un jour on va fermer la fosse et qu'on y ouvrira un cabaret, pour que les touristes se désaltèrent. Ce que ça fait rire cette blague. C'est le rythme et l'oscillation de la vie et de l'Univers.

Le sept août, Marceau travaille bien sûr du matin, ils sont plusieurs de la même famille. À des niveaux différents, à des postes différents, avec des porions et des collègues différents. Mais ce matin-là est particulier. Marceau va travailler dans la même taille que son frère. Tout au fond du puit. Faut voir la fierté de ces frères, qui marchent d'un bon pas, quasi épaule contre épaule, en se bousculant et en ricanant comme deux possédés. La journée s'est bien déroulée, ils ont "fait" leurs tonnages, le chef était tout content, les deux frères, et au-delà tout le foyer, rayonnaient. Jusqu'au fond du jardin. Toute la famille cultive ses rangs de légumes. Le plus vieux joue aux pigeons, avec deux voisins, ils vont aussi aux concours de chants de coqs à la Maison du Peuple. Une famille d'ouvriers mineurs, tout ce qu'il y a de plus tranquille et de plus paisible.

C'est le huit août que tout s'est enchaîné. Déjà le matin, Marceau avait houspillé son frère, il traînait la patte. Il n'avait qu'à pas lire ces magazines stupides, à la lampe de poche, et puis aller parler pigeons et écouter la radio, ça excite l'imagination. On tarde à s'endormir. "J'espère que tu seras plus réveillé au fond" insistait-il tous les vingt-cinq pas ! À 1035 mètres de fond, traîner les jambes à ce point, ça peut être dangereux ne cessait-il de penser. Ce huit août, sur le coup de huit heures, Marceau et ses six autres camarades étaient dans la cage de remontée. Partout, il y avait de la fumée, ça sentait le brûlé, on entendait les hommes crier ! Les vingt chevaux de "1035" hennissaient comme des bêtes qui savent ce qui va se passer, qui le sentent au plus profond d'elles-mêmes. Comme les quatre coups de sonnerie (le signal pour remonter) ne suscitaient aucune réaction du dessus, Marceau est sorti de la cage, pour aller actionner la "grosse sonnerie", celle qui sert au rappel d'urgence. Il n'était pas éloigné d'un mètre que la cage bondissante est remontée d'un coup sec vers le jour. Marceau est mort au fond, avec les vingt chevaux. Avec nos vingt chevaux !".

Des rangées horizontales, bien droites, des pierres, des hommages, des fleurs, en toutes saisons. Le seul lieu de repos perpétuel qui doit être fleuri toute l'année. Une cicatrice de chez nous. Une balafre aussi, la Wallonie, et en particulier la région de Charleroi, n'a pas fait sa réputation avec autre chose que ce mixage de noms, d'origines, de cultures, d'accents, de langues, d'odeurs de cuisines, de musiques, de chants. Mais la douleur, l'horreur, le drame lui-même est universel. Ils étaient tous wallons, parce que, au fond, ils étaient tous les mêmes. Ils étaient tous noirs, qu'ils soient de n'importe où, qu'ils soient n'importe qui.

"D'ici, personne ne s'enfuit" ! C'est encore dur ! Ce le sera toujours. De toute façon, ici, on sourit tout bas ! Reposez ! Nous veillons sur vous !

BLACK TRONCHES

Les gueules noires. Les mineurs de fond, qui ont livré la bataille du charbon, corps et âmes, une guerre très sale, consumante, plus désinvolte et plus sournoise qu'une guerre de militaires !

Ce mineur, qui souffle sa lampe, les lèvres collées au métal noirci. La tronche marquée par la fatigue, du travail de taille... Du noir partout, son bleu de travail, ses yeux, son casque... Tout est noir ! Notre gloire et notre angoisse. Tout dans un seul homme, une seule lampe, un seul cliché. Noir et blanc, forcément ! La photo est ancrée dans la mémoire collective.

SAMBRASSONS-NOUS

"Ad Flumen Sabim "

Elle était venue de France, pour nous plaire, nous séduire. Nous soutenir aussi et nous aider à mieux nous répandre. Il y avait déjà un air grognon dans le débit.

Elle avait pourtant beaucoup d'atouts. Elle a tout vu, tout supporté, tout enduré.

Elle a parfois débordé, mais elle retrouvait son lit, défait, refait, changé d'endroit.

Les draps froids et froissés enveloppaient son corps mou. On l'aime ou on la déteste. Souvent les deux à la fois ! Sang sombre ! Au diable l'histoire d'amour, piétinée par un Roi.

Ses courbes ont changé. Ses salissantes éclaboussures sidérurgiques se sont diluées.

Ses scories de vies écoulées, ses visages délavés, ses amoureux passagers...

Elle a tout avalé !

Elle est imbuvable, même les poissons quittent ses bras! Elle, je veux dire, La Sambre, sait mieux embrasser que n'importe quelle maîtresse, ivre d'envie ou assaillie par le tourment de la possession.

Tour à tour calme et paisible, tournoyante, fougueuse, elle n'a pas de maître. Elle se jette, bulles et boues les premières, dans un fleuve. Et tout recommence, en un grognement!

"Ne dites pas du mal de notre Sambre (...) combien de fois a-t-elle entendu, de l'amour, la douce litanie, combien de mots pour toujours perdus, des mots qu'on ne dit qu'une fois dans sa vie "... Quand Bob Dechamps chante ça, au début, on croit à une bonne vieille blague comme il savait si bien les raconter. Et puis non !

On se rend vite compte qu'il s'agit bien d'un texte d'un lyrisme absolu, que l'auteur[3] a volontairement voulu attachant. Et force est de constater que, outre le développement économique de nos Régions, outre les faits divers souvent sordides qui nous mènent sur ses halages, cette rivière a quelque chose de tellement profond, de tellement simple aussi. C'est tantôt une frontière naturelle, tantôt un terrain de jeu, de pêche. Que serait Thuin et ses jouteurs sans la Sambre ? Que serait l'Abbaye d'Aulne et ses vieux campings ? Que serait Charleroi et ses ponts, Roselies, Tamines, Floreffe ?

Et Namur, elle-même, que serait-elle sans cette Sambre sombre, aux allures repoussantes pour ne pas dire vomitives ?

Et puis, il y a également la batellerie, avec toutes ses industries, ses aménagements, ses écluses. Qu'on le veuille ou non, qu'on l'aime ou pas, la Sambre fait partie de nos vies, de nos paysages, de nos détours, de nos attentions aussi.

Le plus marquant, c'est bien son visage et ses apparats ! Lorsqu'on vient de Thuin, jusqu'un peu après l'Abbaye d'Aulne, c'est la campagne, reposante, rafraîchissante. Du bucolique t'en veux... y en a. À dix minutes de la gare ! Et puis voilà Monceau, et là, les carrières, les gravières, les canalisations... tout

3 Robert Carlier, de Couillet.

cela nous prépare à sa plus sale tronche : celle qu'elle affiche à Charleroi. Dès Marchienne, on comprend très bien qu'elle a souvent été malmenée. Un soleil rouge orange, une brume épaisse, la palette est plus variée, son rythme aussi ! Soutenu, tirant ! Le carrefour vers le canal de Bruxelles, qui nous fait monter vers Roux, Viesville... Mais vers la capitale wallonne, c'est une autre chanson.

L'ancienne usine, " l'agglo " comme on dit, se dresse encore fière et parée de rouges. Elle est désertée depuis des dizaines d'années et pourtant elle a encore une présence, une prestance que bien des jeunes usines, moins matures, peuvent lui envier. Elle a encore tout son charme, il ne faut pas très longtemps, ni un trop puissant effort d'imagination, pour entendre les bruits réguliers, les odeurs de gaz parfumées aux œufs pourris et au soufre. Des hommes qui crient, qui hurlent, des injonctions ou des gros mots, des péniches débordantes de fer, de cuivre, de sable, de ballast... Les moteurs à plein régime, les fumées (du jaune fluo au noir pétrole, en passant par le rouge rouille et le gris étain)... On croise des Hollandais, des Flamands, des Français, des Chinois et des Allemands. Leurs yeux pleins de crépitements de leurs flashes, qui flambent comme ceux qui ont trouvé leur Eldorado. Paradis pour photographes...

On se plante devant la seule usine "métalleuse" encore en activité. On voit la poussière, les déchets faire "plouf" ! Le bruit soutenu, le mazout des péniches. Et c'est comme ça jusqu'à Pont-de-Loup, à l'ombre de la tour Romane, sous les fumées (toutes très propres et bien filtrées) de l'incinérateur de l'intercommunale, qui a en charge l'élimination de nos déchets (tous bien propres et soigneusement triés).

Je me demande encore comment, et qui, a décidé de planter un incinérateur au beau milieu d'une vallée, au pied d'un cours d'eau, au milieu de milliers de familles... On a posé beaucoup de questions et fait tellement de commentaires sur cette infrastructure, mais jamais, au grand jamais, personne ne s'est donc demandé comment on a planté ce truc immonde, juste là ?

On murmure, parfois, on parle de cancers, de thyroïdes défaillantes, d'émanations ammoniaquées... Mais la rivière, elle, immuable, suit toujours son cours et poursuit toujours son chemin. Elle ramasse ça et là ce qui traîne, de la houille, de la rouille, des vestiges de consommateurs mal éduqués... Si elle rencontre un obstacle, elle le contourne gracieusement, elle a toujours fait comme ça !

Et puis la Sambre, toujours là, posée sur l'épaule droite, déploie ses méandres, ses sinus, ses hanches, elle se livre à nous toute joyeuse. Elle nous emmène à Namur, elle se tourmente. Passée Tamines, elle se prend déjà pour un fleuve . Il faut que ses éclusiers, comme des aides-soignants, soient aux aguets et la soutiennent jusqu'au bout de sa route. Au Grognon, elle nous dit "au revoir" sans se retourner. Dans son mariage avec la Meuse, elle reprend du service et elle en revoit de toutes les couleurs, du jaune fluo au noir pétrole, en passant par le rouge rouille et le gris éteint.

GILLY PLAYED GUITAR

"Ziggy played guitar, with Weird and Gilly"
(David Bowie)

J'ai croisé un mec, côté "Black Country" justement. Il venait de Gilly et personne ne savait son nom. Dans nos "traditions", enfin, même dans nos "us", et donc, dans nos "coutumes" aussi, on donne des surnoms.

Et ce gars-là, tout le monde connaît son surnom, mais personne ne connaît son vrai nom. C'est compliqué, un peu, à imaginer, mais c'est à la fois populaire et confortable et très discret. Ce mec m'a dit qu'il avait été le chauffeur de plusieurs stars, dont le gars qui nous observe avec un œil bizarre. Un proverbe populaire dit, en effet *"À Djilî, lès bwagnes n'ont qu'in-îs"*. Gilly, c'est immense. En plus, y a pas qu'ici qui y en a du Gilly !

"Oui, pas de soucis ! On y est dans moins de dix minutes, hein ! T'as l'air crevé ! Italo est allé avec Stef jusqu'à Gosselies voir. T'auras qu'à faire une liaison Dublin-New York !

À l'aise hein vî! Be, j'espère que tu vas plus attendre quinze ans pour donner des nouvelles. C'est qu'on s'ra p'tète repiqués et que t'en sauras rien. C'est déjà mieux que de se taper toutes les gares, parce que de gare en gare on se demande pourquoi prendre le train? Et finalement t'as été à Bâle? Allez, non j'arrête on te l'a trop faite celle-là! Quel fou rire de dingue! On se marrait, hein?"

Bah! Après, tu fais la gueule à un, du coup, t'en vois plus dix... Je sais que, quand on change de bistrot, on change de copains, mais allez quoi? Avec nous, c'était pas pareil parce que, quand on y regarde bien, tu nous as tout volé, t'es qu'une ordure! Moi, je t'en veux encore et toujours! Tu nous as privés de ton amitié, de ta personne. Nous n'avons jamais connu l'étincelle qui déclencherait nos feux d'artifice et c'est de ta seule et unique faute, ton égoïsme. Ton égocentrisme, ta mégalomanie. Gilly n'a jamais pu s'en remettre. Et elle t'attend! Si possible pas pendant la braderie et pas aux heures de pointe. Mais y a le métro partout maintenant. Sauf vers l'Abbaye, toujours galère par là sans bagnole.

"Fais ta valise et monte sur ton cheval, viens au rocher du Pays Noir... certains disent que la vue est dingue, mais tu peux opter pour un autre point de vue"... ce fameux "Black country rock[4]" on l'avait quand même bien composé ensemble, hein?

C'est des paysages qu'on t'a montré, des endroits où tu as été mené. On faisait office de grands frères. Tu as vu des couleurs insensées, avec le soleil couchant et les nuages si noirs qu'on sait qu'ils sont devenus des orages!

On se noyait dans le paysage, on funambulait sur les crêtes où il n'y avait pas une seule grue et presque pas d'immeubles. On en avait des rêves de fous à cette époque, on se voyait partir en Amérique en un clin d'œil, avec chacun une fusée

4 "Black Country Rock", sur l'album "The Man Who Sold The World" est une chanson de David Bowie et il n'a jamais habité Gilly...

et un satellite. Tiens, oui, le prof de physique là, tu sais celui qu'on appelait "Clarence", l'est mort.

Ziggy has left the caberdouche ! Il a troqué son vieux training et ses baskets trouées... On traînait dans les cafés de Gilly Haies, parfois à Soleilmont, parfois on poussait une pointe jusqu'au Sart-Allet. On était toute une bande de glam rockers et c'était les plus belles années de ma vie !

On avait l'esprit blanc, les dents blanches, on était habillés en blanc et toute la lumière blanche nous rendait encore plus blanc, et sans poudre en plus ! "*L'esprit Blanc*", c'est un bon titre ça non ? Tu fais la gueule ?

Après, tu as fait confiance à ce guitariste flamand et à cet avocat verviétois et nous, on est tous retombés dans les rigoles boueuses de l'oubli.

Comme des vieux bouddhas de banlieues, parfois, nous arrivons à nous réunir. On sait que tu penses encore à nous, souvent, mais on sait aussi qu'il y a un mur entre nous. Certes !

La pensée nous réunit, nos émotions se croisent encore, parfois ! La fermeture du bijoutier, près du quatre-bras, a sonné pour nous comme la fin de toute une époque. Comme quand ils ont débarqué le vieux juke-box avec les quarante-cinq tours. De toi, dedans, y en avait au moins trente-cinq ! C'est Gino qui les a rachetés. Tu te souviens, le fils de Gian Carlo qui travaillait au marché vespéral? Oui, le fameux "Black Country Rock", c'est devenu le nom du bistrot. Gilly est toujours aussi grand et aussi commerçant qu'avant. Bon, on y trouve tout ce qu'il faut quoi. J'me doute que tu vas pas chez Zeeman, mais nous oui !

Et y a aussi Marie-Madeleine qui demandait *"Qu'est-ce qu'on fait pour l'anniversaire de la mort de Marc ? C'est que, c'est bientôt ! Et ça fait quinze ans que t'as plus rien fait"*. Elle dit que les quelques droits d'auteurs du "Mec du 20ème", c'est un peu court, surtout que c'était lui qui avait tout fait.

Tu débarques et tu dis *"Ah, mais moi je fais ça !"* et hop, ton côté "Duc blanc" avec elle, ça le fait plus du tout. Et avec nous non plus. Ton chien a été piqué la semaine de la Pentecôte, moi j'étais à Gerpinnes. Toujours terrible là-bas. Sinon ? "Diamant" n'a pas souffert ! Tu penses, c'est autre chose que la camelote que les junkies se prennent ! Tiens, le marchand de glace est fermé ! J't'aurais pris un milk-shake, c'est bon ça, pour la gueule de bois!

Le week-end dernier, y a eu des jeunes Américains, arrêtés par les flics, à la rue du Marabout. C'est ta marraine qui les a balancés, y chantaient le truc des rebelles là, des conneries, enfin, sinon c'est comme toujours. Et à la rue des Nuttons, y avait un type déguisé en Ziggy, complètement défoncé, qui chantait le truc avec des gnomes, j'sé né qwè ! Et l'année où tu devais venir là, à la rue Noir Dieu, les mecs en Aladins, ça ressemble à l'histoire qu'Igor et Ahmed connaissaient. Tu te souviens chez Baptiste, ils l'avaient racontée en entier. On ne parlait pas de racisme et de conflit des cultures, nous on ne se méfiait pas. Et on ne se posait aucune question, on a toujours été potes, point barre.

On avait tous l'impression de voyager les yeux ouverts, d'être emmenés ailleurs qu'à Gilly.

Ah ! Et faut aussi que j'te dises, le mec qui habitait près de chez vous là, le clown, il est mort ! Parti en cendres. Il a fait cramer la moitié du home, où ton frère était là ! Ils disent qu'il voulait sauter, mais c'était un mégot ou j'sais pas quoi ! Tu dors ? On arrive à Gosselies hein !

Et gros ? T'es pas mort dans ma bagnole hein ?

FOLLOW ME

" J'étais marinier monsieur, pendant quarante-cinq ans j'ai fait ce trajet, non ! Je n'ai pas envie de vivre dans une " maison ". Ma maison à moi, elle est là, sur le " Follow me ", mon bateau, ma péniche, mon chez-moi . Pourquoi vous me posez ces questions Monsieur ? "

Dans un bassin de la Sambre, et il y en a tant, plusieurs péniches sont amarrées de façon permanente. Certaines ont l'air de bâtiments fantômes... Des reliefs de vie y sont bien visibles, une planche à repasser, des bouteilles vides, une pile d'assiettes, du linge entassé. D'autres, bien sûr, débordent encore de vie, mais plus cette vie de marin d'eau sale. La vie d'après, la vie sans écluse et sans document de bord. Sans lanterne et sans avertisseur. Une vie qui a l'air normale, avec ses joies et ses malheurs, ses beaux jours et ses tempêtes. Et parmi toutes, il y a le James Bond, la Marie-Madeleine, l'Harma et aussi le Follow Me. Mais à quoi rêvent ces gens ? Ont-ils des fantasmes ménagers, ne voudraient-ils pas vivre dans une " vraie " maison, repeindre les châssis, recouvrir les murs de papier peint ? Les cordages tendus, et colorés, ajoutent des lignes horizontales au paysage, à côté des cannes des pêcheurs, à côté de la station de métro. Dès qu'on pénètre dans le périmètre du bassin, la "vraie" vie semble s'arrêter. On entend encore parfois au loin la résonance de cette vie-là, on se doute bien que là-bas, au-delà, il y a de l'agitation. Mais pas dans le bassin. Il y fait calme, apparemment, le rythme de la vie semble tout à coup plus paisible... Le bassin cache pourtant bien son jeu.

Un petit bonhomme, il est court sur patte, il a la casquette du capitaine et un très épais blouson kaki à col fourré. À le voir, on jurerait qu'il porte tous les malheurs du monde dans les poches de son blouson. Ses traits sont profonds, comme le bleu de ses yeux. D'ailleurs, ils sont plus gris que bleus. Des yeux qui ont été plus loin que le rivage, plus loin que là où se pose notre regard dans ce paysage, si étrange et familier en même temps. On croit difficilement que la capitale du Pays Noir est à cinq minutes en voiture, huit en métro.

Et la rivière, comme un tapis de sol, s'étale, là-bas vers les usines, de l'autre côté vers l'abbaye d'Aulne...

"C'est la main qui nous nourrissait, qui nous giflait, chaque fois que nous mangions, Monsieur. Ils ont essayé tellement de fois de sauver la sidérurgie, au détriment des autres, des fermiers, des artisans, des mariniers... C'est tout que du mauvais Monsieur. Quand ils parlent de sacrifices, ils doivent aussi mesurer la cicatrice autour de la plaie... Nous avons été si mal traités, aujourd'hui il n'y a plus de place, il faut des grosses porteuses. Moi je suis trop malade, et j'ai le mal de terre, alors je reste ici."

On est entre deux tranches, entre deux eaux... Et lui, ne se sent réellement lui-même qu'ici, avec sa vieille péniche, qu'il entretient vaille que vaille, et elle est irréprochable, *"prête à reprendre du service"* sourit-il d'un air malicieux, l'étincelle dans l'œil...

Du service, ça signifie reprendre la voie d'eau, montant ou avalant, reprendre les écluses, les documents de transport et refaire la file... Se retrouver loin du port d'attache, avec des escales qui n'ont rien d'exotique. Mais il a l'impression qu'il peut larguer les amarres quand il veut et, qu'en un bref, mais déterminé coup de sang, il peut tout changer, tout remettre en marche et repartir pour toujours ! Il escalade, plus qu'il ne la traverse, la passerelle qui le mène dans son antre, entre ses quatre murs, ou ses quatre planches. Il est tout ce qu'il y a de plus sérieux. Son vaisseau est prêt. Lui aussi. Il ne faudrait pas grand-chose pour que tout recommence.

RENÉ ET GEORGETTE, DEUX TÊTES DANS LE MÊME CHAPEAU

Je sais que j'ai parfois des idées tordues, mais ça m'est arrivé de me demander où la mère de René était enterrée. Bon, j'ai bien fait quelques recherches et j'ai trouvé, en province, une tombe de la famille Bertinchamps, mais aucune trace de Régina ! Aucune mention dans les registres de la ville où elle est décédée. Disparue, volatilisée, emmenée par les bras de cette sale Sambre. Le suicide étant, encore, un sujet délicat, voire tabou, personne n'a jamais eu l'air de s'en inquiéter. Bon d'accord, notre vie se passe avec les vivants, mais tout de même, aucun lieu de recueillement, jamais un mot sur cette mère dépressive dont les traces de pas, dans la neige, ne laissaient aucun doute quant à son fatal destin. Des pas dans la neige... dernières traces, dernières esquisses, derniers crissements de vie !

"Je n'y remettrai plus jamais les pieds. Et puis, je ne parlerai jamais de cette ville, à personne. Il n'y aura plus que les historiens de l'art et mes biographes qui s'y intéresseront.

Je n'ai jamais ressenti autant de mépris pour une ville. Pour des gens, ça oui ! Des artistes et des critiques d'art ou prétendus tels. Du mépris pour des marques de peintures aussi ! Et pour certains fruits. Mais jamais je n'ai vomi une ville avec autant de force ! Ils sont vulgaires, sales, grossiers, ils ne connaissent rien à l'art. Pourtant, les plus grands peintres et dessinateurs y vivent encore, y sont nés et y ont tout appris de leurs arts respectifs. Et tout ça, au milieu d'un mépris total, complet et inné ! Les gens, là-bas, sont nés dans le charbon et dans la terre. À peine leur avez-vous torché le derrière qu'ils recommencent, leur destin, comme une punition de l'au-delà, c'est de se chier dessus et de puer à plein nez, en permanence ! Je le disais encore à Georgette, au cimetière, je suis tellement content que personne n'a jamais dit que Maman est enterrée là. Anonymement ! Avec d'autres membres de sa famille. Déjà, après sa mort, dans la Sambre, tout le monde a parlé de suicide, de mort atroce. D'un geste de désespérée qui allait plonger ses deux petits bouts dans un malheur profond, et définitif. Mon père n'a pas su faire taire ces langues de vipères ! Et puis, partout dans cette ville, les rumeurs ont toujours eu plus de fondements que n'importe quel discours subtil, à la rhétorique de grand couturier, à l'infaillibilité papale ! La rumeur disait donc, le lendemain : la patronne de la margarine, la folle des Gravelles, est sautée dans la Sambre !

Nous étions petits. Oh bien sûr, elle nous a manqué. Pendant plusieurs années, mon frère a dormi avec moi, il pleurait, la réclamait. Ne supportait pas sa grande chambre, presque aussi froide que mon père. Oh pour ça, hormis mon frère, j'ai toujours préféré la famille de Georgette.

Au moins, chez les Berger, on ne se retournait pas pour dire les choses. Les gens de Charleroi sont comme ça ! Et contrairement à la ville où maman est morte, les petites gens n'essaient pas de parler comme des bourgeois. Ils se sont rendu compte que c'était tragiquement ridicule. Et que ça les diminue plus que ça les rend intéressants.

C'était marrant la descente en tram, depuis Gilly. Et arrivé là-bas, je fermais les yeux pour passer le pont de la Sambre.

Heureusement Père a fini par acquérir une autre demeure. Je ne voyais plus ce paysage funèbre et ne devais plus supporter ces bouseux qui nous servaient de voisins et d'échevins.

Tous ces souvenirs me tourmentent ! La mort a certes sa place dans ma peinture, mais elle n'en occupe pas plus que dans nos vies d'humains. Prétendre le contraire est de la stupidité sans pareille. Et cette histoire de "femme voilée" qui préfigurerait ma mère comme elle fût repêchée de la Sambre ? Comme c'est idiot. Il faut être super imaginatif pour colporter pareilles inepties : lorsqu'elle fût sortie des eaux, il y avait trois bateliers, deux gendarmes et une employée de maison. Son corps, lui-même, ne fut ramené à la maison des Gravelles que le lendemain, et déjà dans son costume de bois. Alors de quoi parlent-ils tous ces gens ? Qu'on foute la paix à Maman ! Les historiens de l'art auront quelque chose à raconter sur ma vie quand ils seront à la limite de ce que leur intelligence leur permet de cerner dans mes peintures. C'est tout l'effet que ça me fait. C'est tout ce que cette ville, bâtarde liégeoise, m'inspire.

Après bien sûr, j'ai grandi, sans vieillir. Nous sommes partis, avec Georgette. Elle voulait voyager, on ne s'est pas privé. Il s'en est fallu de peu pour que je m'installe à New York. Elle me plaisait cette ville, toute en verticalité, avec ses esprits polygoniques. J'aurais vraiment pu partir sur un cubisme irrévérencieux, sur du réalisme névrotique. Et puis, n'est-ce pas, New York c'est Wallon. Il y a beaucoup de gens riches, des Français. Ça m'inspirait bien. Mais Georgette voulait rester en Europe. Elle y avait ses habitudes, ses amants, ses soirées irrespectueuses. C'était trop compliqué pour elle de se passer de tout ça. J'ai eu (enfin) des commandes sérieuses. Il a fallu parfois malmener les commanditaires. Après tout, ce qui intéresse ces commissions à la con et ces jurys, pour la plupart constitués de pervers narcissiques, c'est la signature. Ces crétins regardent de la peinture, quelle qu'elle soit, les bordures et les cadres en bois. Ce qu'il y a au milieu de la toile ne les intéresse pas, ne les concerne en rien, sauf quand je leur tends un croquis en disant "Tenez, c'est votre portrait en train de regarder mes toiles" et que j'y ai, à main levée, dessiné la troublante, et pourtant précise, reproduction de mon cul !

C'est dans cette optique que je suis revenu à Charleroi. Non seulement parce que ça me permet de rester un peu avec Georgette, dans sa famille, et que j'aime bien certains bistrots bien tenus. Où nous allons gaiement, même un peu sottement, frayer avec les gens du coin. Les gens simples entendons-nous. Il est hors de question, pour moi, d'échanger ne fût-ce que quelques banalités avec des intellos du coin. Qui n'ont d'intello que l'image, d'ailleurs préconçue, banale et pas du tout précise. Il ne suffit pas d'avoir des lunettes sur le nez pour bien voir. Il ne suffit pas d'avoir la moustache pour avoir le nez fin ! Ceci n'est pas une moustache, c'est l'image d'un con qui se prend pour un penseur ! Nous sommes bien dans nos petits troquets carolos. Et cette fresque, du Palais des Beaux-Arts, finalement, j'apprécie de la faire. Les membres du Jury m'épargnent leurs réflexions idiotes, dans lesquelles ils étalent toutes leurs prétentions. Et dès qu'il y en a un, un seul, qui prononce le mot surréalisme, hop, du dessus de l'échafaudage, je l'éclabousse de la couleur du jour. Hier c'était du bleu ciel, le mec de La Louvière a bien pris 220ml à lui tout seul. S'il veut repasser, pour la deuxième couche, c'est quand il veut. Crétin !

Je ne peins jamais de neige non plus, j'ai horreur de ça ! Puis, le blanc coûte cher, je préfère donner plein de pognon à Georgette. Avec ça, elle nous organise de ces sauteries mémorables ! Et c'est bien là l'essence de ma vie : m'amuser et emmerder le monde que je trouve très bête, j'en veux pour preuve qu'il y a toujours des guerres n'est-ce pas ? "

C'EST TOI MARGUERITE ?

"...tout ce qui met en lumière l'effort de l'homme (...) me semblait salutaire en présence d'un monde si prompt à l'oubli "
(in "Mémoires d'Hadrien ")

Le château ne ressemblait plus du tout à ses vagues souvenirs. Elle parlait de Dorlodot à tout-va, elle citait de mémoire les écrits de Pirmez. Elle s'était fait un souvenir si précieux et si bucolique de ce château... Bien sûr, elle avait romancé ces tranches d'enfance. Le retour à la réalité a été brutal. La déception était à la hauteur de la beauté de ses souvenirs.

Elle se souvenait aussi du jardinier, un si bel homme, jeune et solide. Il l'avait accompagnée plusieurs fois le long de la rivière, dont elle a oublié le nom. Ils marchaient en regardant passer les bateaux, chargés de houille, de sable, de gravier. Tirés par d'énormes chevaux dont les corps exhalaient une épaisse fumée... Elle aimait regarder, de loin, les fumées chamarrées des aciéries, des laminoirs, plus loin, vers Charleroi. Il y avait là tout un décor qui aurait pu inspirer n'importe quel peintre, n'importe quel écrivain. Mais pas elle ! Elle rêvait de Rome Antique, d'Égypte, de guerriers harassés par leurs missions sanglantes et conquérantes. Elle voulait voir autre chose, comme toutes les gamines du coin. Il faut tout de même se souvenir que Marchienne ne ressemblait pas du tout à ce qu'elle est aujourd'hui. Il n'y avait pas de voitures, moins de gens, plus d'usines, d'odeurs parfois insupportables. Il y avait plus d'enfants qui avaient l'air malheureux et affamés ! Elle voulait tourner la tête et réprouver, parfois, une nausée. Ces gens, ce peuple de travailleurs, quasi des esclaves, liés à leurs labeurs routiniers, dociles. Si gentils. Elle s'en voulait presque, et à sa famille aussi, d'être d'une autre classe. Celle qui ne se salit pas, qui relève ses robes et ses pantalons pour traverser la rue crotteuse. Elle aurait voulu être des leurs et être aussi heureuse qu'elle l'était ! Elle savait qu'elle écrirait, elle l'a toujours su. Elle s'était déjà imaginé apprendre à ces petites gens à dessiner les lettres, les aider à déchiffrer des mots. C'était une passion pour elle. Elle essaie de se souvenir du prénom du jardinier, ce si bel homme ! Et puis les souvenirs se brouillent, elle revoit l'entrée et la pièce adjacente avec ses milliers de livres. L'énorme cheminée.

Lorsqu'elle est arrivée à Charleroi, à la gare, il y avait un comité de réception. C'est qu'elle n'était déjà plus n'importe qui à l'époque. Le bourgmestre m'avait bien dit qu'elle était *" assez désagréable "* et il m'avait aussi prévenu *" qu'il ne cautionnerait en rien ma présence "*, que toutes tentatives d'interview ou de portait photographique seraient réprouvées *" si elle manifestait la moindre gêne "*.

Déjà que, eux, les membres du comité, étaient tout gênés de ne pas savoir comment lui parler. Encore moins comment lui dire qu'elle devait se préparer à voir des ruines.

La visite, qu'on peut qualifier d'éclair, s'est assez mal déroulée. Elle était déjà de mauvais poil en descendant du train. Je tentais quand même quelque échange. *"Oh foutez-moi la paix, mon vieux. Je me méfie de ces journalistes qui sont, pour la plupart, juste bons à taper à la machine à écrire. Et vous prétendez échapper au charbonnage avec un simple stylo ? Ce n'est pas donné à tout le monde, vous savez, mais laissez-moi passer "*. Elle salue le mayeur et ses sbires, ils l'emmènent à l'hôtel de ville. Une "cérémonie" très chiante et pompeuse à souhait. Il est vrai qu'à Charleroi, il y a autant de bourgeois que d'ouvriers et ces derniers ne sont pas en nombre à la maison communale. Ils n'ont pas été conviés, la plupart savent à peine lire, alors qu'est-ce que ça peut bien leur faire que Marguerite Yourcenar débarque au Pays Noir?

J'entends, un peu malgré moi, les discussions officielles. J'entends *"Vauban, siège de Fleurus, Dorlodot, propriétaires miniers, immenses travaux... "*. C'est clair, elle n'est pas là pour prendre des nouvelles de ma famille, qui est à moitié sous la terre en train d'arracher l'or noir des tailles et à moitié dans les sanatoriums de la région, à arracher les morceaux de poumons qui tiennent un peu trop !

Toute la clique, tout à coup, redescend le grand escalier et remonte dans les grosses bagnoles affrétées tout exprès pour elle. Je retente le coup. Elle enchaîne : *"Oh vous êtes là, écoutez, montez avec moi, on verra en cours de route mon vieux. Je n'aime pas vos méthodes, mais je veux bien essayer de vous faire plaisir "*. Elle manque pas d'air la vieille, moi aussi je rêve d'être ailleurs et je me fous complètement de faire l'interview d'une mocheté pareille, prétentieuse, totalement inintéressante.

Vous me croirez ou pas - d'ailleurs je m'en tape -, mais elle a entendu ce que j'ai pensé. On était à peine installé dans la voiture qu'elle m'attaquait : *"Et vous croyez vraiment que moi j'ai envie d'être là ? Vous savez, dans les salons de Bruxelles et Paris, on voit d'autres tronches, on respire autre chose. Ne fumez pas en ma présence, c'est dégueulasse "*. J'ouvrais la fenêtre pour balancer ma clope, elle ne me lâchait pas.

"Fermez cette fenêtre, ça pue vraiment ici, comment les gens peuvent respirer sans crever, c'est immonde ".

On prit la route de Mons, où il n'y a rien à voir, rien à respirer, il n'y a que des usines. Pas une seule boutique. Seulement des bistrots à tous les coins de rue. *"Vous voyez, vieux, c'est ça le problème des ouvriers, ils boivent tellement qu'ils oublient de réfléchir par eux même. Ça ne m'étonne même pas que je ne vende aucun bouquin ici ! La loi Vandervelde c'est de la foutaise, de la connerie même, mon vieux ! Je vous interdis de mettre ça dans votre papier. Déjà que ça me répugne profondément les journaux, alors les journalistes hein, c'est quoi ce truc ? "*. Elle désignait mon appareil photo, je n'osais plus rien dire.

Pendant vingt minutes j'eus droit à un interminable monologue dans lequel elle a dit des méchancetés sur sa grand-mère, sur sa mère, une de Cartier de Marchienne - le château qu'on va voir était à sa famille. Elle parlait aussi longuement de l'humanité, des éditeurs qui sont tous pourris[5], de son nouveau roman qu'elle promotionne. Enfin, qu'elle veut bien, promotionner en Belgique. N'oublions pas qu'elle est naturalisée Américaine la vieille ! Franchement, je n'ai pris aucune note et je ne voudrais décevoir personne, mais cette bonne femme jure plus qu'un bouffeur de curé. Elle a fouillé ses narines pendant qu'on arrivait. J'ai vu son regard, elle cherchait des yeux la tour du château, perdue dans ce paysage qui ne lui était plus du tout familier. Je n'ai pas envie de balancer, mais j'en suis certain, je pourrais le jurer, lorsque nous sommes sortis de la voiture, elle a pété ! *"Allez mon vieux, bougez vous, merde, on va voir le château de ma famille, vous prendrez une et une seule photo et après, hop, je rentre à Bruxelles, merde ça a assez duré c'te connerie ".*

5 NDLA: pas le mien...

Avec elle, tout le gratin politique et culturel Carolo de l'époque piétine la boue. On est tous là à se demander ce qu'on fout.

Des sbires du bourgmestre m'ont tenu à l'écart. J'ai juste entendu, au loin, *"Quoi ? Merde vous vous foutez de moi ? Enfoirés "* et elle est revenue presque en courant vers la voiture. Ce coup-là, j'avais déjà jeté ma cibiche. J'étais solidement assis à l'arrière de la Delage, m'agrippant à la poignée du plafond. Pour physiquement assurer ma posture. J'y suis j'y reste. Elle a claqué la portière, si fort ! Le type derrière elle devait ouvrir et fermer, mais il n'a pas eu le temps ! *"À la gare, et vite ! "* enjoignit-elle au chauffeur. Je n'osais même pas la regarder, je l'ai entendue renifler. Mon instinct de grand reporter me disait qu'elle chialait !

Je fus totalement surpris d'entendre de sa voix douce *"Il s'appelait Adrien, il était beau, fort, et blond. Nous nous promenions si souvent ici. Ma grand-mère, cette salope, adorait m'amener ici. Elle pouvait aller s'acoquiner à tout-va, l'esprit tranquille, là-bas, du côté de Jumet. Vous vous rendez compte de ce qu'il reste du château. Ces bouseux n'ont aucun respect. Aucune attention. Ils ne pensent qu'au fric, qu'à boire et qu'à baiser. Vous vous rendez compte ? "* Je lui tendis un mouchoir blanc, soigneusement plié. Elle le prit, se moucha bruyamment, en soulevant une de ses grosses cuisses. J'ai bien compris qu'encore une fois elle avait lâché une caisse. D'ailleurs, elle a ouvert la fenêtre. Cette fois-ci, les émanations des usines sentaient drôlement bon ! *"Vous comprenez vieux, si on n'entretient pas la pierre, elle s'érode, se décolle, fini par tomber. Tout le château est tombé, ça doit faire plusieurs dizaines d'années qu'ils regardent ça tomber en poussières."*

Mais ! Un éclair de mémoire et l'espace d'une seconde, juste une, je me crus intéressant. *"Mais ne sommes nous pas tous faits de poussières "* osais-je ? Et là j'ai dû ramasser trois cents insultes en tous genres, parce que c'est, apparemment, un truc qui ne se dit pas, surtout que la poussière la faisait éternuer. *"La galère en Égypte et dans toutes ces bibliothèques, au moins en Amérique j'ai un photographe personnel autrement équipé que vous, pauvre type. Au moins là-bas tout est propre, de plus le Maire ne fume pas ! "*. Je me dis qu'il faudrait que j'enquête sur cette manie du collège échevinal, mais qu'ont-ils à fumer comme ça ?

Nous étions presque à la gare... Elle regardait l'heure... Elle me rendit mon mouchoir, sa voix était redevenue douce : *"Ça sent bon " "Oui je sais, ma mère met un peu d'eau de Cologne dans la mécanique à lessive "*. Elle hochait la tête en me regardant dans le blanc des yeux ! Elle rajouta *"Écoute-moi bien vieux, je t'interdis de publier quoi que ce soit sur ce que tu as vu ou entendu. De mon vivant, rien n'est autorisé, mon éditeur et mes avocats ne laisseront rien passer. Un mot et je te fous sur la paille, et ta photo tu sais où tu peux te la foutre hein "*.

Ce coup-ci l'ouvreur de porte avait fait son office à temps, et lorsqu'elle sortait de la voiture, je lui dis textuellement : *" T'inquiètes pas vieille peau, je n'ai qu'une parole, et puis t'sais quoi, je garderais tout ça pour le jour où il y aura une bibliothèque à ton nom, ça va bien les faire rire les lecteurs "*. *" C'est ça, en plus d'être journaliste t'es con, toi t'iras loin "* qu'elle m'a dit Marguerite !

Retour à la rédaction, deux cents signes, un filet quoi, une photo (floue) prise à l'Hôtel de Ville. C'est tout ce qu'il me reste. Et dire que Bruxelles m'avait préparé un triomphe que j'allais accepter !

MARGUERITE, LA MÉMOIRE D'ADRIEN

Adrien était beau, blond, élancé, le teint un peu mat. C'était vraiment le plus bel homme que l'on ait vu dans l'enceinte du château familial. Il avait été engagé par feu Monsieur, pour entretenir le parc et le potager. Ses sabots, tout crottés de cette terre charbonneuse, résonnaient sur la pierre bleue de la cuisine. Ici, même la pluie contient du charbon. Le panier plein de légumes, de quelques fruits et d'un bouquet de roses d'ici. Que Marguerite s'empressait de lui prendre des bras, pour recouper les tiges et les planter bien droites dans un vase en grès. Vous savez, de ces gros pots gris, ornés et flammés d'un bleu imitant à la perfection celui de Delft. C'était la même scène, quasi quotidienne. Oh ! Nous à la cuisine, nous savions que Marguerite avait le béguin pour Adrien. Mais que pouvions-nous dire ? Après tout, c'était de son âge, de son droit. C'est juste que les événements se sont tellement vite précipités. Nous avons tous été tellement surpris. Une jument affolée, une carriole qui rebondit, un homme qui tombe. Il lui a fallu des mois pour se reprendre, pour qu'elle retrouve l'appétit, pour qu'elle reprenne ses petits ouvrages. C'est après ces événements tragiques qu'elle a appris à écrire. Vous voyez !?

LEMAÎTRE À BORD

"Le progrès scientifique est la découverte d'une simplicité de plus en plus complète"

Évidemment, tout le monde s'en pose des questions. Et parmi les fondamentales, le fameux "d'où venons nous" ne manque pas de titiller, d'exciter, de tourmenter les plus mordus des philosophes, des mathématiciens, astrophysiciens, explorateurs, chercheurs, défricheurs, inquisiteurs, colonialistes et j'en passe. De tous, Georges Lemaître est le père.

"En un battement de cils, vous n'avez pas idée de ce qu'il peut se passer. Une boule de feu, plus petite qu'un atome, a pu déclencher une telle explosion, que notre Univers, tout entier, en a découlé. Le cosmos tout entier s'est déroulé comme un tapis. La première seconde après le Big Bang, ce n'est déjà plus le Big Bang. L'origine de l'Univers ? Un coup du hasard ! Déjà, ce n'est pas moi qui ai parlé pour la première fois du Big Bang. Et pourquoi pas le gros boum aussi ? Non, moi j'étais déjà trop content de clouer le bec à Einstein. Qui ne m'aurait pas choisi comme ami si j'avais été un simple ouvrier mineur. Quand quelqu'un lui a dit que j'étais né à Charleroi,

il a fait une grimace. Tiens, il n'y plus de mousse à raser! Quelle tête je me paie encore ce matin. Il faut se méfier des airs de famille, je le disais encore à des Frères bienveillants. Le cataclysme initial, ce que les Américains nomment à présent le Big Bang, n'est qu'un début naturel de l'Univers qui s'opposera toujours à sa fin brutale. Ça y est, il n'y a déjà plus d'eau chaude!

L'expansion de ma salle de bain, c'est bien ce qui me préoccupe. J'ai beau avoir fait vœu de pauvreté, j'ai quand même besoin de me raser. Et l'autre qui n'arrête pas de me casser les pieds avec sa langue anglaise; "Cosmic background radiation", ce n'est pas la même chose que le fond diffus cosmologique. Ce n'est que du résidu de l'explosion originelle. J'expliquerai tout ça dans mes mémoires apocryphes. Je vais t'en foutre moi du Chanoine Big Bang. Bien sûr que l'Univers a toute une histoire, qu'on peut la raconter et la voir. D'ailleurs, demandez à Planck s'il a le temps.

Ça me fait penser que je dois demander à Hubble ce qu'il utilise comme rasoir, c'est important ce genre de détail. Aussi important que la particule de Dieu. Encore une formule qui me fait bien rire. Quand on sait qu'il n'y a rien là-haut. Et ces maudits américains qui parlent d'envoyer des gugusses chercher des cailloux sur la lune. À moins que ce ne soit que pour planter un drapeau. Est-ce qu'il me prendrait d'aller planter un drapeau wallon sur le terril des hiercheuses? Ils sont fatigants, même leur langue est fatigante. On me reproche de ne pas la parler, de ne pas publier en anglais. Alors, ils débarquent tous dans mon bureau, "oh, mais c'est vous qui avez découvert ça et ça et ça et ça?". Mais oui c'est moi. Apprenez à lire en français, ai-je perpétuellement envie de leur dire. Mais je n'ose pas, j'ai fait vœux de pauvreté, de chasteté et de gentillesse...

Hubble est complètement miro, il ne voit rien, ne comprend rien. Il passe quand même son temps à observer. C'est dire que la recherche scientifique est complètement indépendante de la vie de l'homme, de son parcours spirituel... Ah tiens, les Frères ont acheté de la nouvelle gomina, j'adore ça. Il se foutait de moi, en disant à des Américains "Il cherche dieu et se rend compte qu'il n'y a rien". Bon je me tape de ce que ce mec raconte, comme du premier stylo de Newton! Je ne cherche pas Dieu, je l'ai trouvé! Parce que j'ai tout trouvé. Des années avant eux! Si j'avais su, j'aurais écrit tous mes articles en wallon, mais je ne sais pas l'écrire. Déjà mes parents trouvaient ça tellement vulgaire. Mère disait "Cessez de parler comme le bougnat". Ça me faisait rire tout doucement... et pourtant si j'avais su! Ce qu'il fait caillant ici. Je vais faire des relevés thermiques, pauvreté ne doit pas rimer avec geler. Ils exagèrent un peu tout de même à l'Évêché. Déjà, avec tout le pognon que je leur ai donné, j'aurais même le droit d'être Pape si je voulais. Pape et Prix Nobel. Encore que l'un peut être posthume! J'ai l'impression que j'ai tout oublié. J'ai même fait acheter, par mon secrétaire, de ces petits cahiers. Vous savez là, avec les tables de multiplication en quatrième de couverture. J'espère que mon éditeur ne va pas prendre ça pour de la coquetterie, mais il m'est impossible de compter combien d'argent j'ai gagné si je ne dispose pas de ce petit subterfuge. Ça me gênerait que ce soit l'un de mes étudiants, ou pire l'un de mes supérieurs, qui se rende compte de ce petit tour de passe-passe. Je n'en puis rien! J'ai toujours eu du mal avec les tables de 7 et de 8! Après tout, merde, j'ai le droit d'avoir des failles, même si le Seigneur, mon Père, m'assure tous les jours de sa bienveillante compréhension.

J'aurais bien du mal moi-même d'expliquer d'où peuvent venir toutes mes découvertes. Il veille sur moi, il est si attentif et si aimant ! Quand je pense que je n'arrête pas d'essayer de prouver qu'il n'est rien, qu'il n'est pas là, qu'il ne l'a jamais été. Parfois, moi-même je me trouve ridicule et pathétique. Je suis Monseigneur Lemaître, Chanoine à l'Évêché général de Belgique, Astrophysicien devant l'éternel, mon Bien Aimé Père ! Je ne vais plus traîner dans cette salle d'eau... que de flotte ! La journée va encore être longue. Je vais finir les calculs du boson, ça va faire gagner trente ans aux Américains ! D'ailleurs, quelle heure est-il au moment où vous lisez ce qu'il est advenu des résidus de poudre que nous sommes ? "

LA VILLE MORTE, LE MATIN, SOUS LA BRUME

Je voulais voir la ville debout.
Je préfère, toujours, les villes " debout ".
Les villes qui se couchent tôt et se lèvent à l'aube.
Je cherche, dans les vallées et les plaines, cette ville, droite et fière, robuste et pleine. Dressée. Comme une statue.
Je cherche cette plaine d'humanité, qui sait adorer sans s'agenouiller, se courber sans rompre, se tenir ! Poser. Statuer pour narguer la postérité.
Une ville comme du marbre, ou de l'acier.
Qui a quelque chose de muable et de définissable, dans la durée !
Qui a quelque chose de marqué, d'éclaté, comme une comète tombée dans le sable bouillant d'un désert.
Je dois trouver cette ville qui pense à demain, qui a soin de son âme.
Une ville avec un grand " V ".
Une ville comme un spectacle de feux et de lumières, donné dans une usine.
Une ville qui parfois ressemble à un bazar, parfois à une promesse ferme.
Une ville, comme on en voit dans le futur, où tout est propre, bien ordonné. Les immeubles bien encastrés.

Je cherche, cherche, investigue même, questionnant les guides, les almanachs, les gestionnaires de sites.
Quémandant les vieux conteurs et les faiseurs d'histoires. Les raconteurs à la mémoire infaillible. Les bèrdèleûs jamais à court de salive, qui ont la précision de l'horloger même avec la larme à l'œil. Et même, les jongleurs de vieux verbes.
Les catalogues en tous genres. Les illustrés, les chercheurs de flamboiements, les dresseurs de fusées, les crieurs de fausses nouvelles. Les réparateurs du temps !
Infatigables sondeurs. Inlassables rêveurs.
Emballé de mes songes, frustré par la fin avortée de tant de rêves, je me tourmente de ne pas trouver cette ville ; fiévreux du manque d'humanité.
Malade, du manque. Orphelin de mes racines. Assourdi de son silence profond. Langui de ses récits de gloires.
Tour à tour éclaireur, lancier, artilleur, bombardier. Vaincu par toutes mes guerres. Vainqueur sur tous les fronts. Tombeur de tous mes assaillants. Vais-je comme Paul Pastur regarder Jacques Bertrand pour l'éternité et plus si affinité ? Vais-je attendre la limpidité de la Sambre pour apprendre à nager ? Vais-je encore compter les maisons mortes ? Et regarder leurs cendres s'empiler ? Vais-je, moi-même, y laisser mes os, à de vieux chiens qui n'ont plus rien à ronger ? Vais-je avoir l'estocade par une escadrille d'ignorants ? Ou bien, quelqu'une aura-t-elle la classe de me donner le coup de grâce ? Même pas par pitié, mais juste pour faire un peu de place ?
Que puis-je y faire ? J'ai l'impression d'être tellement futile, tellement invisible, que plus personne ne me comprend, ni ne comprend ma vieille langue et ses verbes engourdis. Suis-je devenu une statue de pierre ? Suis-je un vieux soleil qui a tant brillé qu'il s'est brûlé lui-même ? Suis le four à coke brisé par le tisonnier ?
Où sont-ils mes gens ? Sont-ils tous partis sous d'autres cieux,

plus reluisants. Si tant est que voyager puisse reposer l'âme et guérir le mal de cœur ?
Vais-je m'en aller ? Vers où ? Vers qui et quoi ? Et que dire en partant, que penser en arrivant ?
D'où suis-je ? Suis-je de Charleroi ou en train de devenir Chinois ? Où serait cette Ville forte sans fortifications, où seraient ces gens si fiers, mais sans haine. Sans crainte ni honte. Et où s'en vont toute la grise crasse et les noirs regards ? Tout se serait-il envolé dans les fumées orangées ? Poussé dans le dos par le vent, tiré, dans la prétention, par l'envie ? Comme une tôle qui s'envole au-dessus du laminoir ? Condamné par des joueurs d'argent, qui ont mal lancé les dés et n'ont gagné que les scories ? Cette force rouge, dégoulinante, des hauts-fourneaux, qui fait prendre la route et qui pousse toujours à aller voir ailleurs si, des fois, la vie et la folie ne seraient pas plus douces à endurer ? Si, par hasard, mon karma se trouvait dans le Kamtchatka ou sur la Volga ?
Cette colère sourde et lancinante, qui te fait faire tes valises, qui te fait claquer la porte du cœur et serrer ses veines, ses tailles, ses galeries, à double tour. Où ai-je mis la clef ?
Cette dureté qui te fait regarder l'horizon truffé d'horribles montagnes noires qui ne sont que les vestiges de tant d'efforts et de souffrances... Qui emplit ta boîte à rêves d'autres cieux, plus brillants, plus cléments, plus exotiques et sûrement mieux.
Mieux que tout ce que tu connais. Mieux ?
Et dans ce là-bas, qui serai-je ? Un émigré parmi les touristes, un chercheur de havre, pas tranquille. Aurai-je droit à une prime de déchirement ? Y aura-t-il une bonne âme pour me partager le chagrin frais moulu du matin ? Serai-je seulement moi-même, ou bien une ombre qui regarde la pointe de ses pieds en marchant sur leurs boulevards ?
Tout en sachant qu'il faudra continuer à chercher, car la quête ne se termine jamais bien lorsqu'elle a mal commencé.

Préparé à m'en aller loin, à tout laisser là. Enfin, tout laisser ici ! Tout ignorer et ne pas me retourner. Tout oublier, comme si c'était possible d'oublier que j'ai appris à marcher sur du charbon et des gaillettes. C'est ce qu'on a tous respiré. Depuis le premier jour et jusqu'au tarmac de l'ancien aérodrome de Gosselies ! Où je devrais dire une dernière fois "au revoir", sans solennité, sans conviction, si ce n'est celle de ne jamais plus dire "Bondjoû" ni de revenir ? Ne jamais revenir ?
Et puis m'arrêter au coin de la rue, me dire tout simplement :
"Je le trouve beau le boulevard de l'Yser. Je l'aime bien cette Sambre sombre, paillasson de fleuve. Je lui trouve un côté unique au monde, à notre Beffroi et son carillon boiteux. Jacques Bertrand aurait dit : crawyeu ! Et tous mes boulevards, mes petites rues, teintées, colorées, si splendides sous le soleil, tous mes petits coins parfois boudés et si injustement dévalorisés ? Et toutes mes plus belles cartes postales ? Sauront-elles égaler, plus de deux secondes, le sentiment que je ressens, même quand il pleut ? Vais-je avoir tant de rouille et de noirceur à portée de main dans un autre petit coin ? Et ces gens, ce peuple, si rustre, parce qu'en lui serrant la main, on lui touche le cœur.
En l'embrassant, on lui dit qu'on l'aime, en l'écoutant on entre dans son foyer.
En l'aimant comme il est, ce peuple, sans rancune, mais c'est ma famille, la racine de mon olivier, le sang de mon âme, la chaleur de mon esprit vagabond"
Je l'aime comme il est, le Pays où je suis né.
Je l'appelle toujours le Pays Noir. Le plus beau coin de terre.
Je l'étreins encore tout contre moi, mon pays, mon seul bagage, ma seule arme, mon armure...
Mon Pays, Noir !

LOW COST CITY

Il y a longtemps, si longtemps. Que les boîtes aux lettres sont plantées là. Même qu'un voisin qui n'avait pas d'argent en a fait une, avec une vieille boite à pain. Aujourd'hui on trouve ça " vintage ". Nous, à l'époque, ça nous avait fait rire... Et les maisons ? Enfin, les chalets ! Ils ont toujours été là ! Je crois même qu'on a inventé le mot " barakî " en les voyant alignés, loin de l'ombre de l'Abbaye d'Aulne, pourtant toute proche. Les voisins de mes grands-parents venaient ici " en vacances ".

À l'époque, trente minutes de bagnole suffisaient à dépayser des braves ouvriers. Ils arrivaient ici, vidaient la voiture, défaisaient leurs bagages et arrêtaient les horloges. Ils étaient installés, dans une bienveillante plénitude qui leur faisait oublier leurs quotidiens salissants et assourdissants. Elle se promenait le long de la Sambre, lui pêchait. Parfois il sortait des poissons argentés et frétillants. On l'entendait alors comme gronder de contentement ! À ce moment précis, ni lui ni elle n'auraient voulu être ailleurs. Sous des soleils, sur des plages, dans des hôtels au luxe apparent. Aux réputations surfaites par des catalogues de voyagistes, qui existaient à peine !

Puis, tout à bien changé, pas en une fois comme ça. Les changements se sont profilés, petit à petit. Le quartier du beau rivage s'est vidé lentement. Certains sont morts, d'autres ont été virés. La plupart a choisi de s'éloigner. De se trouver des coins plus exotiques, ou plus populaires, ou plus près d'un maudit centre commercial ! Tout est décrépi, les arbres sont moins verts, la Sambre est plus verte. Certains chalets tiennent encore debout, plus par habitude qu'autre chose. Il y a encore quelques " habitants ", discrets. Peut-être un peu gênés. La boîte à pain est toujours là ! Vide !

LE PARVIS DES PARVENUS

L'arrêt est une véritable tragédie en lui-même. Très au milieu de nulle part, il y a juste une chaussée en contrebas. Les voitures ne roulent pas, elles volent bas ! Des usines à perte de vue. Je suis assis là, perdu dans mes pensées, mes songes, mes rêves. Je ne vois plus rien. Ni les bateaux ni les péniches. Ni les visages. Ni les métros. Je suis dans les fumées perdues, dans le silence assourdissant ; tous ces outils perdus, restés pendus dans ces ateliers fantômes. Une carte postale : la salle des " pendus ", dans un charbonnage de la région. Une vallée tout entière muette. Morne plaine, désertée par ses propres cadavres et ses propres victimes. Providence. Station fantôme. Je reviens à moi. L'alarme des portes du métro m'y oblige. Et il y a là, devant ma tronche ébahie, derrière ma panse de voltigeur nuageux, quarante-cinq paires d'yeux qui me regardent. Et tous doivent se demander *"Mais qu'est-ce qu'il fout là celui-là ? "*... J'aurais du mal à trouver les mots, pathétiques, qui serviraient à justifier ma présence en un endroit pareil. Encore moins ceux qui pourraient décrire pourquoi je me sens si bien ici, éclaté dans mes rêves mêlés de passé industriel et d'avenir si rutilant. Mes rêves sont à moi. Arrêt Providence, qu'un ciel rougeoyant t'entende !

ROUGE ROUGE ROUGE

J'aime bien quand le soleil tape sur mon usine. Elle devient toute rouge. Aussi rouge que le jus de la coulée qui continue. Alors je monte tout en haut, regarder le soleil se noyer dans la Sambre. Elle rougit, comme gênée, comme comblée. Elle doit se sentir bien. Peut-être qu'elle aime ça, tout simplement ?

Au fil de la rivière, il y a tellement de graffitis, de fresques, bombées ou peintes. Chaque fois que je traîne sur ses flancs, je fais une rencontre marquante. Des promeneurs et des flâneurs, le plus souvent. Bon bien sûr, je parle des gens normaux, pas des sportifs !

C'est leur état civil du moment : promeneurs. Que tu l'acceptes ou pas, peu importe, la Sambre suspend le temps. Elle est même capable de l'arrêter. Je revois Don Mousonio, Monseigneur Yvan. Un camp de gitans. Vincent le photographe, qui sort d'une usine abandonnée. Des transporteurs de courses pour Tante Josiane, qui vit à Jumet depuis cinquante ans. Jessica et sa fille Élisa, qui apprend à aller à vélo. Une chemineuse qui allait chez sa grand-mère à Ransart, par le halage et le Ravel.

Puis, y a aussi eu ce jeune gars, fichu dehors de chez ses parents : Greg. Il campait et pêchait près d'une écluse, je dirai pas laquelle.

Ce qu'elle sait m'inspirer. Ce qu'elle sait m'attirer, cette salissure sur la carte. Le truc que vous appelez " Sambre " !

QUE LES TRAVAUX !

À Liège : Calatrava. À Mons : Calatrava. À Charleroi : que les travaux ! Je suis assez gêné de devoir expliquer tout cela, même de mentir pour ne pas qu'on m'accuse de fustiger ce qui ne va pas. Alors qu' on me demande ce qui va bien ? Je maugrée, je mouds, j'ai le pardon qui rouille en vieillissant !

Il y avait des gens qui vivaient ici. Il y avait leurs maisons, leurs vies. Avec des rêves, des joies, des peines aussi. Charleroi n'a jamais été facile à vivre. Il n'a pas toujours fait bon y traîner, c'est sûr ! Mais ces gens avaient des vies... On les devine, comme on voit les vestiges et les reliefs de leurs vies, collés sur les pignons des voisins.

Juste avant l'abandon, juste avant l'arrivée des grues. Du dessin des plans, du dessin de leurs nouvelles vies. Ils avaient des envies, des peurs, des illusions. Certaines avaient horreur du papier peint de la chambre. Combien de fois cet escalier fut monté...et forcément descendu ? Du pas matinal lourd, mal réveillé, au pas du soir, lourd et fatigué.

Après un labeur décharnant.

Des pas pressés, des amoureux et des amants. Du don de la vie à l'étreinte fugace, parfois payante ! Ainsi s'en va la Ville-Basse.

Beaucoup l'attendent au tournant. Il paraît qu'un jour elle revivra. Qu'elle nous rendra toute la joie qu'elle nous a prise. Qu'on remettra des couleurs. Des musiques joyeuses. Il paraît qu'elle sera si jolie, si fleurie, si prometteuse qu'on en retombera amoureux. Mais quel âge a-t-elle ? Qui saura ce qui se cache derrière ses cicatrices et ses balafres ? A-t-on confondu prometteur et promoteur ? Même le penseur du pont de Sambre semble si lointain, il porte son marteau, sa masse, comme un bol d'air libérateur. Vivement qu'elle nous revienne. Je me demande si nous nous reconnaîtrons, si nous nous aimerons autant qu'au premier printemps ?

BONNOT, JULES BONNOT

Tout à commencé à la gare, enfin, à l'ancienne gare de Lodelinsart. Aucun de nous ne savait réellement qui était Marie. Elle travaillait, ici ou là, presque toujours comme " femme de charge " ou comme " serveuse ". C'était elle, pleine de taches de rousseur, qu'on appelait affectueusement " Marie Brouche ". Pourtant, à bien y regarder de plus près, ce n'était pas un compliment. Pour six francs quatre vingt par mois, elle a accepté de faire le ménage chez ce bourgeois, il s'appelait Jules aussi.

Marcinelle-Charleroi c'est une balade ! Par le pont de Sambre, puis le pont du Chemin de fer. C'est rien du tout. Pour un petit bout de femme qui a transporté des fusils et de la dynamite entre Bruxelles et Charleroi ! C'est qu'à cette époque, les communistes se sentent parfaitement à l'aise par chez nous. Les plus virulents, parisiens, débarquent à Bruxelles. Les plus violents viennent se planquer à Charleroi. Pour se rendre invisible, quoi de mieux que Charleroi ?

Quoi de mieux qu'un immense troupeau de moutons blancs pour se planquer quand on est mouton noir ? Évidemment, dès que Raymond la Science l'a su, il a fallu qu'il débarque. Il y a eu comme une "agitation". S'il n'y avait pas eu tant de grabuge, après le meurtre du bourgeois, à la rue Chavanne. Tu peux me croire Camarade, on allait tout faire péter à Charleroi. Ils ne demandaient pas mieux. Tous ces crève-misères, tous ces bouffeurs de charbon. Ils n'attendaient que ça à Charleroi. Crois-moi, Camarade !

GNI GNI GNI GNA GNA GNA[6]

"C'est à cause de mes collègues si je suis là. Je ne voulais pas. Je ne voulais rien, plus rien. Depuis ma nomination en tant que Project Chief Achiever dans notre société de recouvrement, et pour être franc, plus rien ne me plaît. Tout m'étouffe, même Roubaix, ma chère ville, et sa timide banlieue, mes parents, mes rares amis, mon boulot... et ces collègues. Tous m'étouffent. Des fois, rien qu'en arrivant sur le parking de la boîte, j'avais envie de chialer, de crever. Il a fallu que la Psychological Special Technical Engineering me diagnostique un burn-out, un vulgaire burn-out, comme si j'étais un simple employé de France Télécom. Un burn-out, moi !

Sans même m'en rendre compte, et je serais totalement incapable de vous faire un rapport détaillé là-dessus, je me suis retrouvé à la clinique de santé mentale, dans l'aile psychiatrique. Et leur diagnostic était sans appel : un gros burn-out, un énorme burn-out, un burn-out obèse. Traitement : des cachets, du repos, du soleil et plus rien d'autre. Et ma famille, mes

6 Nouvelle parue dans « Rencontres » (éd. du Basson, 2014)

rares amis, et ces chers collègues, tous sont venus se lamenter sur mon triste sort, au début un par un et puis en groupes. Et des *"Ça va aller"* par ici et des *"On a besoin de toi"* par là, et gni gni gni, et gna gna gna. Franchement, pas du tout ce que je voulais entendre. Le personnel était très gentil et apparemment moins sous pression que dans ma boîte, je les enviais presque. Tout était propre et bien rangé, leurs dossiers étaient très fins et lisibles. Et d'un calme. Je me suis même demandé s'ils avaient le téléphone et s'ils endormaient les patients trop bavards. Loin de mes habitudes. J'ai vraiment envie de crever, mais qu'est-ce qu'ils croient tous ces gens, qu'on a la vie belle dans le bureau du fond (à gauche) ? Qu'on bande comme un âne toute la journée à lire des colonnes froides de chiffres ? Qu'on a la libido chiffrée ?

Un petit matin gris, je suis enfin sorti. La rue s'appelle rue du Nouveau Monde, ça ne s'invente pas. Passage obligé chez mes parents, bien sûr, et puis un petit coucou au bureau. Juste comme ça, pour voir. Pour voir si des fois mes boyaux le supporteraient encore. Et là ! Surprise, ces collègues qui me gavaient tant, qui me gênaient même un peu, ils étaient tous si heureux de me revoir, et c'est le Refused Project Manager en personne qui me tendit une grande enveloppe, grise. La même enveloppe qui sert à prévenir les clients que leur ligne de crédit est épuisée et leurs espoirs avec !

Huit jours au soleil ! J'en reviens pas, je me demande combien ça a dû leur coûter ? Et puis aussi, combien le General Complete Total Manager a dû mettre de sa poche ? À coup sûr que la boîte a dû tirer sur une ligne ouverte et qu'un quelconque client, déjà surendetté, va participer à ce séjour tous frais payés. Un billet de train, un billet d'avion, et ces collègues, ceux-là mêmes qui me sortaient de quelque part et que je continue à maudire tellement ils ont l'air si heureux, m'offrent la totale. Soleil, sable blanc, open-bar et gni gni gni et gna gna gna ! Scié !

Et puis, évidemment, rien ne se passe comme prévu, fichues grèves, foutue compagnie de chemins de fer, foutue compagnie aérienne low-cost. L'enchaînement improbable, le soulèvement social tout exprès pour m'empêcher de vivre. Le truc auquel aucun paranoïaque n'oserait penser. Des grèves dans tous les coins. C'est fou ça quand même, tout est devenu low-cost de nos jours, tout sauf les intérêts que je fais - enfin, que je faisais - payer tous les jours. Et même avec des salaires low-cost les travailleurs ont encore l'inconscience de faire grève !

Et me voilà à Brussels, pas Bruxxxxelles non ! Brussels. Je ne savais même pas que cette ville existait et qu'il y avait deux Bruxxxxelles en Belgique. Et puis quand j'arrive, il y a grève des bus. Et une grève sauvage en plus. Mais est-ce possible de laisser les gens en rade sur un quai de gare ? Et tous ces gens partout, chez nous à Roubaix, et à la télé aussi et à la radio qui disent, *"La Belgique c'est bien gni gni gna gna "*. Quelle galère, quel bordel même ! "

" Je suis née ici, j'ai toujours vécu ici. J'ai jamais été ailleurs. Si ! Un jour, ma mère nous a emmenées avec mes sœurs chez une de ses cousines qui vivait dans une caravane à Bredene. Ça, je m'en souviens, elle est venue nous rechercher deux mois plus tard. La cousine en pouvait plus de nous entendre brailler. Faut dire que mes sœurs étaient, et sont toujours, douées pour ça. Ma mère faisait le plus vieux métier de Charleroi. Bref, 'toute façon si je viens au bistrot, c'est pas pour raconter ma vie, et encore moins pour picoler. Si je viens tous les jours, c'est juste pour regarder les gens, voir leurs façons, deviner leurs vies. Et aujourd'hui, du monde, y en a. C'est pour ça que j'aime bien quand les TEC font grève. Comme ça, tout d'un coup, sans prévenir. Du coup, les gens ne sont plus pressés, mais ils font la gueule. J'aime bien ! Je les devine encore mieux comme ça. Parfois, dans la masse, j'en choisis un, ou une d'ailleurs, et je le sonde, je lui lance mon regard profond, je le sonde, j'entre dans son âme. Bon, souvent, tout ça, je le garde pour moi. Après tout, je ne fais que me passer le temps, c'est la seule chose qu'on peut tuer sans risquer de se faire condamner. Alors, allons-y gaiement. Ce type-là, ça fait un moment que je le suis des yeux. Y doit être friqué, mais paumé. L'a l'air dépressif en tout cas, et sûrement pas à cause des grèves. J'ai l'habitude des gens et je renifle les touristes à cent mètres. Faut dire qu'avec une valise, c'est soit un touriste, soit un marchand de bibles. Encore un qui doit croire que la Grand-Place est juste de l'autre côté de la Sambre et que Manneken Pis habite au pied de la rue de la Montagne. Il entre ici, tiens, quand je te dis que c'est un paumé, et maladroit avec ça, doit s'y prendre à trois reprises pour faire tenir sa valise debout."

Il analyse la carte des consommations, scrupuleusement... *"Avec tous ces médocs, je me demande quand même, mais les collègues me parlaient des bières belges, des trappistes, et gna gna gna. Non, ce serait totalement irresponsable. Et puis, si jamais la grève s'arrête, on sait jamais"* et donc, avec ce typique accent français *"de ch'Nord",* il commande un petit café serré.

Le patron, il en peut rien non plus, mais il fait sa tête de Carolo. *"Y a pas de p'tit café"*. Et en amenant la commande, il rajoute : *"èt j'né pupont d'suke !"*

Là, à ce moment-là, n'importe quel cadre supérieur se sent tomber de haut, effaré, offusqué, presque humilié. En plus, il a très bien compris ce que le patron a baragouiné. Il a même senti une légère pointe de *"et faut pas me casser les pieds"* dans le ton de la voix. L'espace d'une microseconde, il s'est cru dans une scène du film "Les Visiteurs" et n'aurait pas astruqué si Jacquouille la Fripouille était entré dans le bistrot.

Il s'entasse encore plus profondément dans ses pensées déjà très embrouillées, entre déprime et promesse de bon temps. Son esprit vagabonde, son regard vide se promène par la fenêtre ; il voit la gare, vide de tout sauf de voyageurs frustrés. Pour achever le tableau, il commence à pleuvoir. Il pense à ses parents ; à son ex-petite amie, gestionnaire de fortunes dans une banque privée ; à son appartement... À ses collègues ?

- Vous pouvez avoir les miens !

En disant ça, elle avait un peu pincé les lèvres, juste pour essayer de masquer son accent si typique, et si présent. Cet accent qui trahit directement tous les Carolos, où qu'ils soient dans le monde.

La phrase, car c'en est une, avait été prononcée avec gentillesse, avec douceur pour une fois, presque avec tendresse, et avait pourtant eu l'effet d'un uppercut sur le voyageur perdu.

- Pardon, quoi ?, bredouilla-t-il.

- Les sucres, vous pouvez avoir les miens. J'ai eu ma dose pour aujourd'hui.

- Oh, bé merci, re-bredouilla-t-il, complètement gêné de n'avoir pas compris et parce qu'elle lui adressait la parole, lui qui avait perdu cette habitude typiquement humaine de babiller à tout-va !

On lui avait bien dit que les Belges sont chaleureux et gnagnagnignagnagna...

- Vous êtes d'ici même ? osa-t-il.

- Oh ! J'allais vous demander : vous n'êtes pas d'ici vous ?

- Oui.

- Non.

Ils ont ri.

- Vous êtes coincé avec les grèves.

- Bé oui.

Et la conversation dura et n'en finit plus. Il l'entendit dire tout à coup : *" V'nez avec moi, on va chercher du sucre. Sinon le patron, c'est Walter, va pas arrêter de faire la gueule. "* Et il se vit l'accompagner, dans Brussels Ville Basse et dans plein d'autres endroits, même jusqu'à Brussels Ville Haute. Parce que du sucre en sachet, *" On trouve pas ça chez tous les pakis "*. Il ne sait toujours pas pourquoi ni comment, mais il a accepté, lui l'introverti dépressif, le maso antipathique, le plus grand Financial Analysts of Finished Crashed Engineering de Roubaix. Et dire qu'il n'avait jamais vu la mer. Il n'a pas arrêté de parler : de son boulot, de son psychiatre, de son burn-out, de ses parents, de ses collègues... Et elle, aussi. Mais en plus, elle, elle avait déjà été à Bredene.

- Ce n'est qu'un petit divan, mais tu vas y être comme un Roi. Enfin, comme un Président. Je ne sais pas comment il faut dire. Juste, je te préviens, mon chien ronfle et pète. Donc, fais comme chez toi.

Ça fait huit mois qu'il n'y a plus eu de grève à la TEC. Ni à l'aéroport de Gosselies. À Charleroi, c'est un passe-temps de compter les jours sans une grève des bus. Et quand il n'y a pas grève, ils partent en voyage. Il a revendu le billet offert par ses collègues, son appartement, ses parts dans l'entreprise. Il a même essayé de vendre des collègues... Et quand il y a grève (faut pas rêver, il y a toujours un moment où il y a une grève aux TEC Carolos), et bien, ils reviennent dans leur petit bistrot, ils guettent les touristes, juste comme ça, parce qu'eux, ça les fait beaucoup rire de voir les mines déconfites. Surtout quand c'est une grève sauvage et qu'il pleut. Il promène le chien tous les matins et tous les soirs, le long de la Sambre, et ils pètent ensemble. Le chien est tout content, il a récupéré son divan ! Lui aussi est content. Il ne prend plus de médicament. Il s'en fout complètement de l'argent. Et de Roubaix. Et il s'en fout aussi si il pleut !

Huit mois !

Huit mois plus tôt, dans la Zone Réservée aux Entreprises Qui Travaillent (ZREQT, vous savez les abréviations et la France c'est toute une histoire, CQFD, CRS, CDI, MDMA, c'est eux !), la secrétaire a beuglé un coup ! Un cri mêlé d'horreur, d'étonnement et de panique. Si fort que même au troisième étage, chez le Big Engineering Logical Talker, on l'a entendue.

Il avait envoyé une carte postale : *"Charleroi, l'Hôtel de Ville, le Sporting, le Marsupilami, panorama de la Blanche Borne"*. Au dos, d'une petite écriture serrée, il avait écrit au stylo noir : *"Je ne rentre pas, j'ai trouvé à Brussels ce que j'ai toujours cherché, et gna gna gni et gna gna gna"*.

TOUTE MA VIE, J'AI RÊVÉ

Je parlais l'autre jour avec une ancienne hôtesse de l'air de chez Irish Pute. Elle n'a plus jamais mis les pieds à l'Airport.

Quand elle descend voir sa sœur, du côté de Perpignan, elle tégévète dans le train, avec des boules pour supprimer les bruits à la place des oreillettes... Elle rêve qu'elle vogue au long cours, qu'elle flotte comme sur un tapis. Mais jamais plus jamais elle n'a repris l'avion.

Pourtant, lors d'une "descente" chez sa frangine, avec un bac de bières ardennaises sans sucre, lorsque le bigophone s'est mis à faire sa musique et à gueuler gentiment avec l'accent du sud, j'ai surpris un sursaut de réflexe.

Elle a tressailli. Je n'irais pas jusqu'à dire qu'elle a flippé parce qu'elle m'en voudrait. Elle était de nature très zen, superstitieuse et susceptible ! Mais je ne peux malgré tout pas m'empêcher : *"Mesdames, messieurs, nous traversons une zone de turbulences, ce train ne va jamais atterrir à Bruxelles Suuuuud, pace qu'y a un stûûûût"*. Elle a rigolé pendant les quatorze kilomètres restants. Un souvenir figé dans ma mémoire pour l'éternité. Mais je ne le savais pas !

Je ne sais pas ce qui l'a le plus marquée ? Les conditions de travail, la sécurité, la pression, l'ambiance, le stress, la gueule des passagers, les odeurs corporelles, les rots de whisky " low cost " qu'elle servait (0,25€ de prime par verre servi).

Pourtant elle en a parlé longuement, avec son beau-frère. Qui a de ces questions je te jure ! Elle n'était plus la même depuis qu'elle avait travaillé dans cette compagnie. Elle était si belle, si gracieuse, si précieuse même. Elle avait ce don de la nature d'être belle, intelligente, vive, pleine de ce sens de l'humour qui nous caractérise tant aux yeux des autres francophones.

Tout ça est à conjuguer au passé, tout ça s'est évaporé, envolé... Où va-t-on croiser son âme ? Dans quel escalator, dans quel couloir, dans quel hall ? Quelle compagnie ?

Elle en a aussi parlé pendant une visite de je ne sais plus quelle citadelle du genre de celle de Dinant, en plus délabrée ! Même pas une de Vauban ! Elle a toujours évité le sujet. Elle ne parlait pas du travail, des avions, des compagnies pas chères, de tout ça. Puis, il y a les mots qui la faisaient réagir : sécurité, aéroport, passager, le nom du patron de l'Irish Pute, le nom du patron de l'aéroport, les petits avertisseurs, les sons aigus, la foule, les gens qui se disputaient, les chiens qui aboyaient et les caravanes qui s'arrêtaient.

Non, Maryline n'était plus du tout la même femme. Elle s'était autorisée à prendre du poids, pour être sûre de ne plus pouvoir enfiler cet uniforme bleu bon marché...

Je me suis dit, en apprenant son dernier envol, *"C'est vraiment injuste de crever à cause d'un travail, de mort lente, saugrenue, de cette maladie invisible, sans nom, de cette gangrène qui dissout le sourire et les bonnes mines, qui change les gens biens, qui fait qu'on ne reconnaît plus les gens qu'on a aimés, qui fait qu'on n'a plus envie de vivre !"*

BOYS ARE BACK IN TOWN

Ils me l'avaient tous bien dit : c'est la ville la plus propre du monde ! C'est une ville tranquille, parfois gaie, lorsque le soleil prend la peine de s'y étendre. Des avenues très larges, pas un papier par terre. Pas de bruits. Pas une seule petite voiture, non. Des gens tranquilles, très " middle class " à vrai dire. Une ville paisible, qui fait la grasse matinée tous les jours. Des quartiers bien rangés, bien carrés, un peu comme dans les films. Et puis, je dois le dire, même si ça m'a terriblement choqué : pas une seule usine, donc pas de fumée, aucune pollution et, finalement, pas trop de travailleurs.

Une écluse sur la rivière, pas si paisible que ça, mais pas tellement polluée. Quelques bateaux chargés de déchets métalliques... une furieuse impression de " déjà-vu ".

Un convoi de wagons, interminable, un passage à niveau sans signal, un train sans passagers.

De la verdure tout autour de la ville. Ici la Ville-Haute, la Ville-Basse, ça ne veut rien dire du tout. Quelle affaire ! Parce qu'il y a un égout géant, souterrain, inutilisé depuis des décennies. Ils font venir des Canadiens, des Mexicains, des Chiliens, pour visiter ça. Et ils font des photos comme si c'était un monument primitif, à peine découvert. Comme le graffiti dans je ne sais plus quelle grotte française. Quand je pense qu'on est gênés avec un métro fantôme et des vieilles fabriques qui tombent en ruine. Parce que chez nous, on mesure le temps grâce à la rouille qui tombe du ciel ! Ici on n'abandonne rien, on ne laisse rien s'évaporer ni se rouiller. On ne mesure pas le temps comme par chez nous.

Je regarde passer une carriole d'un autre temps, d'un autre monde. C'est tout rempli d'Amish ici. Et c'est même un membre de cette " secte " qui me comprendra le mieux. C'était à un "juke joint" sur la vieille route 71. Quand je lui ai dit d'où je viens, il a ri à pleines dents. En voyant la photo d'un terril, c'est lui même qui a si bien résumé notre état d'esprit : *"Même tout en haut de ce terril, vous êtes encore loin des étoiles... dites leur bien ça, mettez-le dans votre livre "*... Estomaqué étais-je ! D'entendre ça, d'avoir fait tant de kilomètres pour découvrir Charleroi. En partant, il a même dit *" Welcome to Pennsylvania, welcome in your home town son "*... Je n'y mettrai plus jamais les pieds, c'est trop triste, Charleroi USA !

LES VOLETS VERTS, 7.00 AM

"À Charleroi (...) la fille aux tétons énormes (...)
m'apporta des tartines "
(Arthur Rimbaud)

Rimbaud qui vient se perdre à Charly King. Il fait le tour du quartier chaud. Négocie une paire de pompes pas trop chère. Il connaît un endroit, pour prendre un petit déjeuner consistant. Le boucher y est très sympa. Un gros moustachu, ça va de soi !

"Les nuits carolos ne sont ni fauves, ni beigbedeiriennes, ni romanesques à souhait, ni nimbées de quoi que ce soit. Les nuits sont chaudes dans un quartier chaud, tout est normal. Dès qu'une dérégulation de température s'opère, ça finit la plupart du temps dans les faits divers des journaux. Ils se délectent de ce genre de détails, savoureux, considèrent-ils. Débarquer là-dedans aux petites heures ! Avoir, en plus, l'outrecuidance de demander un sandwich avec du jambon tiède et sans le gras...! Tu comprends bien que, dans la boucherie, ça a eut un effet uppercut matinal, un tantinet gênant !

On va bien lui emballer, pour pas que la température change. La maison ne recule devant rien. Avec le beau papier, celui avec les lettres de couleurs. Pour qu'il arrête de la ramener avec les mamelons de l'ancienne patronne, qui abondaient...! Et puis aussi parce que je l'aime bien.

J'suis p'tête que boucher, mais j'ai trente-cinq ans de Ville Basse! Je l'ai reconnu. C'est le poète Rimbaud. Il doit être tout paumé, vu ce qu'ils ont fait avec les "Volets Verts". Et qu'il est raide défoncé. Décoiffé bien sûr, mal reboutonné. Ses joues sont froides, son nez est gorgé. Ses pupilles ? N'existent plus. Son visage, tantôt si éclatant et rieur, est à présent émacié, gris. J'irais même jusqu'à macabre. Débraillé. Accoutré comme s'il partait en voyage au bout du monde. Des sacs remplis de canettes, de chiffons qui furent parements, des restes de fêtes, des bouts de papiers remplis d'écritures fébriles. Il est très agité. Sa mâchoire est aussi lourde qu'un gigot du dimanche! Il fait peine à voir.

Ici ou en enfer! Quelle différence aux yeux d'un doux rêveur? Qui passe son temps à sonder les gens, à faire comme s'il allait dessiner leurs chagrins, sculpter leurs joies, sublimer leurs fantasmes... Un type qui allume le feu et illumine la place. Les gens, tout autour, eux-mêmes, rayonnent. Son aura est magique, dopante, nourricière. Il écrit tout ça tellement bien. Les errances qui éloignent de la peur, de la douleur, de la peine. Qui déchirent les vies des vivants.

En plus, je connais sa mère. Une petite vieille bien tranquille. Qui se morfond! Parce que son instinct maternel lui dit que c'est la saison. Elle sent qu'elle doit s'en faire. Il sait qu'elle est pétrie d'inquiétude.

Mais, un mec qui écrit des poèmes, si profonds qu'ils changent des vies, est incapable d'envoyer un simple sms à sa mère pour lui dire "MMAN JTM VBI1 TKT".

Il a qu'à les agiter ses semelles de vent! Qu'il aille faire un tour ailleurs! Qu'il se réincarne en chanteur de Couillet, en rock star de Gilly! En Bob Dylan de Jamioulx! Qu'il redevienne un anonyme, quelqu'un de simple. Qu'il meure en nous foutant la paix! Qu'il arrête de figer les peines des âmes. C'est un coup pour devenir poète maudit!

Pauvre type, rien que pour l'emmerder je vais lui laisser un filet de gras !"

TEMPUS FUGIT

Ça y est, me voilà de retour aux abords de l'aéroport. Celui du début. Je ne sais trop quoi retenir de ce Charleroi. Pays Noir, des racines jusqu'aux pupilles. Il y a tellement de choses horribles qui se sont dites et écrites sur cette région. Et j'ai vu tout le contraire, j'ai entendu tout l'inverse. Je sais que j'y reviendrai un jour, que je m'y installerai, que j'aurai, comme tous, mes habitudes, des potes, des voisins... Que je poserai ma vie ici, comme on pose une statue. Depuis que j'ai appris que Paul Pastur passe sa mort à regarder le boulevard Jacques Bertrand, l'idée d'être statufié m'est complètement passée.

Oh ! On n'a pas parlé des "affaires", de la chaudière, du vélodrome, du culte Antoiniste, des clandestins qu'on retrouve égorgés, des prostituées qui ont quitté leur "zone" pour travailler en plein boulevard Tirou, des travaux qui sont encore là pour quelques années, des investisseurs qui, du coup, se sont raréfiés, des entreprises qui se décentrent pour mieux circuler, ni du si fin poète Auguste Marin...

Je n'ai pas non plus parlé de toute cette agitation culturelle et créative, qui donne des airs bruxellois à certains quartiers et certains événements.

Pourtant, sûr que je suis, que c'est ce mouvement là, cette dynamique là, qui rendra justement à notre Charleroi ses dorures et ses parures d'antan. J'ai pas, non plus, parlé des "milliards" de chômeurs de longue durée, qui vont échanger leurs cartes de pointage pour des bons de la banque alimentaire. Le drame social permanent n'est pas un phénomène local. J'ai ignoré, royalement, quelques incontournables, qui n'ont de toute façon pas besoin qu'un livre leur consacre trois lignes. Je ne veux rien savoir, non plus, de ces espèces de "réfugiés" qui viennent se coucher au pied de Charleroi. Comme sur l'épaule d'une vieille mère. Parce qu'ils savent qu'ici, ils seront toujours compris. Non, mais, y a pas que des renégats à Charly King. Comme il n'y a pas que des p'tites gens sympas en Belgike !

Berceau natal des uns, terre d'accueil pour d'autres, zone de transit pour quelques. Rivage secourable pour d'aucuns. Ce Charleroi que nous connaissons si bien, mérite sa réputation : celle qui dit que tous peuvent y trouver leur bonheur. Qui est là, au coin de la rue. Juste derrière les gravas. Au pied du terril. C'est que le Carolo, qu'il soit d'ici ou d'ailleurs, connaît si bien la distance entre la terre et le ciel. Entre le tarmac et les étoiles. C'est sa Ville qui lui donne toujours la mesure. La juste mesure. Celle qui relie l'âme et le cœur. S'il n'y avait pas de cœur à Charleroi, dans Charleroi, on n'en parlerait pas avec autant de méchanceté.

Je n'avais de toute façon aucune prétention en arrivant ici. J'en ai encore moins en partant.

Si ce n'est qu'en vous laissant ces quelques feuilles, vous y regarderez peut-être à deux fois avant de lui cracher dessus. Elle a tant de choses à dire, encore tant de choses à donner. Elle ne mérite pas vraiment ces fielleuses flèches. Tantôt visant le politique, tantôt visant l'économique. Toujours touchant le flanc usé de ses rejetons, souvent orgueilleux.

Touchés, mais trop fiers pour montrer qu'ils souffrent. Saignés à blanc, mais encore prêt à repartir au combat. C'est comme ça qu'ils sont ! Pas la peine de vous donner trop de mal. Le noir ne se délave pas, il devient juste gris.

Mais nous, à Charleroi, on ne dit pas "gris". On dit "noir fatigué". Je quitte donc le "Pays Noir fatigué" par un triste matin... non pas qu'il pleuve, mais c'est toujours si triste de s'en aller d'ici. De lâcher ce confort humain pour retrouver.... mais retrouver quoi ?

Et qui ? Tout semble si froid, si fade. Tous les gens ont l'air si creux, ailleurs ! Je reviendrai, peut-être par Montréal. Je lui laisse la fuite du temps pour se refaire une beauté. Je n'ai aucune crainte, je sais que vous, ses enfants, vous en occuperez merveilleusement bien, qu'elle vivra encore et toujours, et pour longtemps. Qu'elle renaîtra toujours de ses cendres de charbon.

Quand l'avion a décollé, je n'ai même pas vu le terrain du Sporting par le hublot !

Quelque part, dans une artère du Pays Noir,
janvier 2015

TABLE DES MATIÈRES

Remerciements

à Lulu & Élisa mes Parentaux adorés, Italo & Carine, Stef Blue Eyes & Cie,

à Joël Leclerq pour ses encouragements lumineux,

à Alain Bellot (pour ses euuuh), José Schoovaerts (pour ses aaaaah) et Marie-Claire Blaimont (pour ses oooooh)... pour l'émulation essentielle,

à Valentin Ventura (quelle agla !),

à tous ceux qui ont lu et n'ont pas osé me dire d'arrêter et à tous ceux qui se reconnaîtront... et ils sont très nombreux !,

MERCI DE TOUT COEUR !

À la mémoire de Maxence Robert, mon Frère, parti sur d'autres routes !

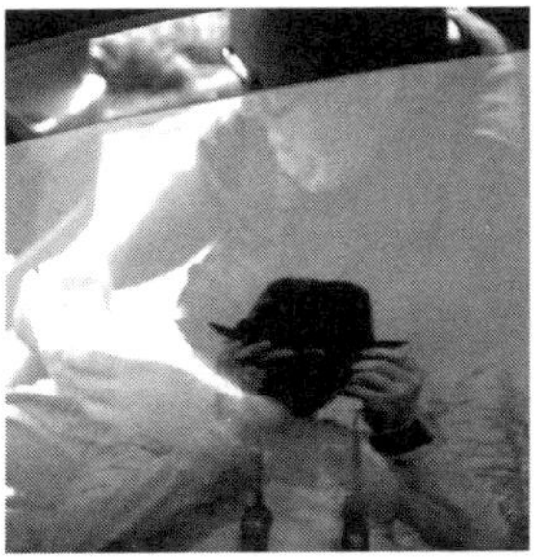

Et pour que les Gamins gardent le feu !

DÉJÀ PARU AUX ÉDITIONS DU BASSON

SILENCE DANS LES RANGS / PIERRE MATHUES *(Coll. Spectacles-extraits, 2009)*

BRUIT DE FEUILLES / D. WATTEYNE ET P. ZIMMERMAN *(Coll. Tandem, 2010)*

DANSES A CHARLEROI / COLLECTIF *(Coll. Tandem, 2010)*

ABÉCÉ D'AIRE DE JEUX / COLLECTIF *(Coll. Tandem, 2010)*

REGARDS / COLLECTIF *(Coll. Tandem, 2010)*

UN HOMME VENU DES ABRUZZES / A. SCATOZZA *(Coll. Ma vie est un Roman, 2012)*

LA GROSSE CHRONIQUE / PHILIPPE GENION *(Coll. Osons, 2012)*

LETTRES À POLLY / PHILIPPE WANUFEL *(Coll. Ma vie est un roman, 2013)*

HUMEURS BELGES ! / PHILIPPE GENION *(Coll. Osons, 2013)*

RUQUIER, IL EST SYMPA ? / ALAIN DOUCET *(Coll. Roman, 2013)*

AMINA G., LA VOIE DE MAHOMET / EDDY PIRON *(Coll. Roman, 2013)*

DOURBES, 3 000 ANS RACONTENT / DANIEL GAYE *(Coll. Histoire, 2013)*

NIMADEA [1] LE MAÎTRE DES PIERRES / KATE VDK *(Coll. Fantastique, 2013)*

CHARLEROI, TA VILLE / F. DUJEU ET M. BAUWENS *(Coll. Charleroi on the road, 2014)*

L'AFFAIRE OUBLIÉE DE CHARLEROI, GOZÉE AOÛT 1914 / PH. WILLE *(Coll. Histoire, 2014)*

L'AGENCE BÊTA DU SCORPION [1] LES VIPÈRES SONNENT / JOËLLE-ETIENNE *(Coll. Peau lard et autres abats, 2014)*

RENCONTRES / COLLECTIF *(Coll. Nouvelles de concours, 2014)*

LE CARNET RETROUVÉ, LOUIS DERMINE RACONTE CHARLEROI EN AOÛT 1914 / LOUIS DERMINE ET ETIENNE "FAFOUILLE" GRANDCHAMPS *(Coll. Histoire, 2014)*

SNCB MON AMOUR / NANCY VILBAJO ET FRANÇOIS BOUTON *(Coll. Osons, 2015)*

22H22 / DENIS DANIELS *(Coll. Roman, 2015)*

LE PLUS IMPORTANT / ZISKA LAROUGE *(Coll. Roman, 2015)*

DE PIERRE ET DE SANG *(Coll. Peau lard et autres abats, 2015)*

LES ÉPROUVÉS *(Coll. Peau lard et autres abats, 2015)*

<u>À PARAÎTRE AUX ÉDITIONS DU BASSON</u>

DÉSOBÉISSANCES / COLLECTIF *(Coll. Nouvelles de concours, 2015)*

L'ODYSSÉE DE LA BETTERAVE / EDDY PIRON *(Coll. Ma vie est un roman, 2015)*

L'AGENCE BÊTA DU SCORPION [2] LES ENTERRÉS DE L'YVONNE / JOËLLE-ETIENNE *(Coll. Peau lard et autres abats, 2015)*

NIMADEA [2] / KATE VDK *(Coll. Fantastique, 2015)*

Éditions du Basson
rue de l'Ange 28, 6001 Marcinelle, Belgique
www.editionsdubasson.com - editionsdubasson@scarlet.be

DÉPÔT LÉGAL
1ère édition : Mai 2015
Achevé d'imprimer par l'imprimerie Bietlot, Gilly (Belgique)
(imprimé en Belgique - Mai 2015)

Nouveau
MENU 3 SERVICES
12,90€

CREDIT COMMUNAL

DEFENSE
DE TRAVERSER
LA VOIE

ABUS

fait parfois un
bon jour
Tout roule
(quand on sait SE conduire)

Knirps
EIDER
Eider
Magasin d'Alimentation
Biologique et Naturelle
Partenaire de
Bonneterre

POLICE

85-TJP-6

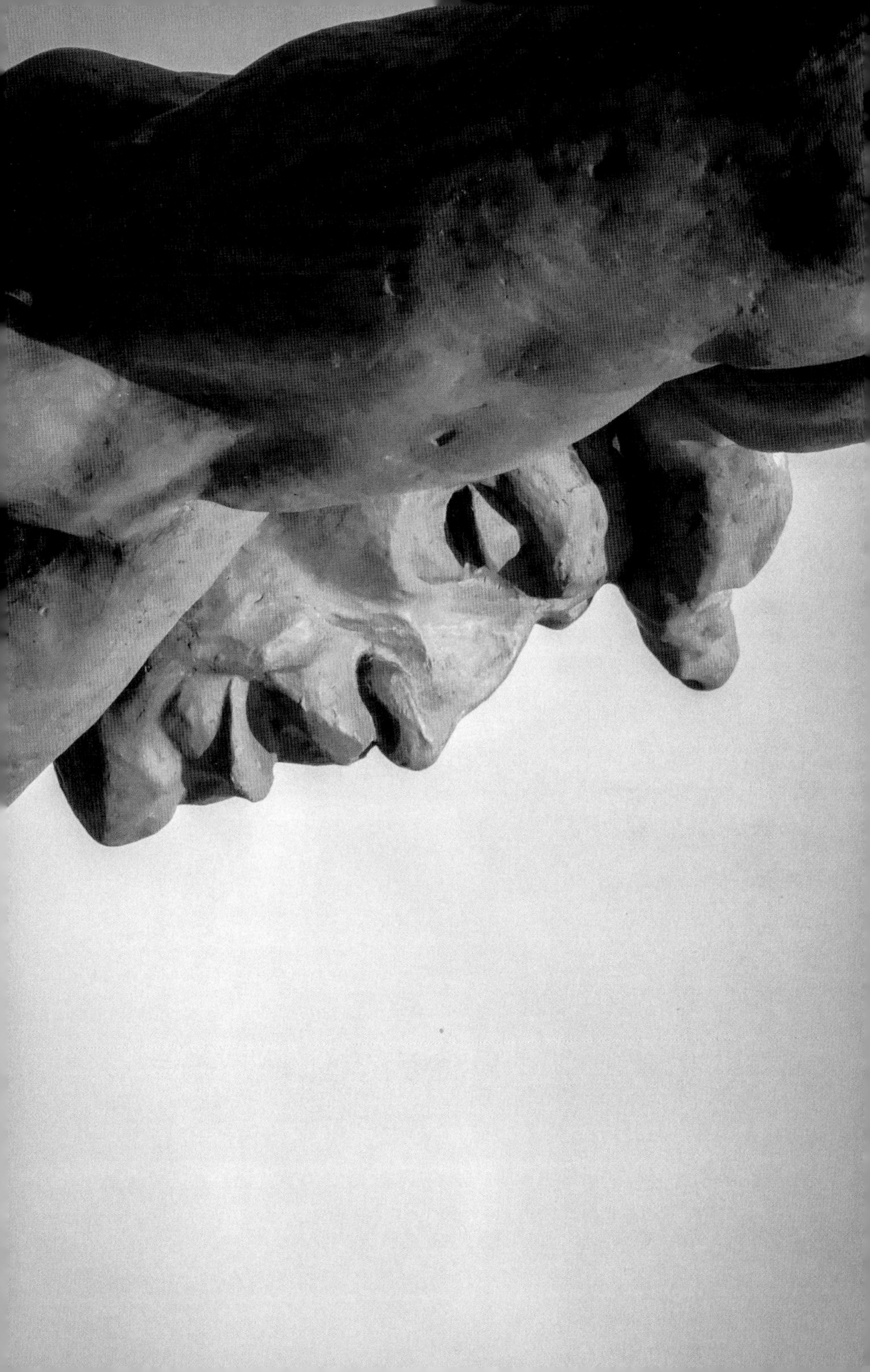

17:22
Prochains Départs

...WHITE SPIRIT

Aah ! Vous êtes là ? Vous avez bien fait de vous retourner. La perspective est toute différente maintenant... Pendant mes pérégrinations j'ai croisé tant de gens attachants, tant d'endroits charmants... Juste en passant, ou parfois en flânant, en laissant passer le temps ou en courant après la lumière, je me suis baigné dans notre région comme dans un bain de jouvence. J'ai redécouvert l'endroit, les gens, le monde !

Voici quelques images volées, quelques instants figés, quelques cartes postales à la sauce Black Country. Ces clichés me ramènent inexorablement aux endroits qui ont inspiré ce livre.

Maxence Robert était là. Le choix des photos, de la lumière, du cadre, c'était sa passion, sa vie. D'un millier de photos, il a retenu celles où l'universel souligne nos différences. Qu'elles fassent voyager votre esprit et titillent votre curiosité...

Quelque part, dans une veine du Pays Noir,
Mai 2015

DIDIER OCULA

Black Country, White Spirit

Éditions
du Basson
CHARLEROI